Theorien des Populismus zur Einführung

Dirk Jörke/Veith Selk

Theorien des Populismus zur Einführung

JUNIUS

Junius Verlag GmbH
Stresemannstraße 375
22761 Hamburg
www.junius-verlag.de

Satz: Junius Verlag GmbH
Printed in the EU 2020
ISBN 978-3-88506-798-6
2., überarbeitete Auflage 2020

Bibliografische Information der Deutschen Nationalbibliothek
Die Deutsche Nationalbibliothek verzeichnet diese Publikation in der Deutschen Nationalbibliografie; detaillierte bibliografische Daten sind im Internet über http://dnb.dnb.de abrufbar.

Zur Einführung ...

... hat diese Taschenbuchreihe seit ihrer Gründung 1977 gedient. Zunächst als sozialistische Initiative gestartet, die philosophisches Wissen allgemein zugänglich machen und so den Marsch durch die Institutionen theoretisch ausrüsten sollte, wurden die Bände in den achtziger Jahren zu einem verlässlichen Leitfaden durch das Labyrinth der neuen Unübersichtlichkeit. Mit der Kombination von Wissensvermittlung und kritischer Analyse haben die Junius-Bände stilbildend gewirkt.

Seit den neunziger Jahren reformierten sich Teile der Geisteswissenschaften als Kulturwissenschaften und brachten neue Fächer und Schwerpunkte wie Medienwissenschaften, Wissenschaftsgeschichte oder Bildwissenschaften hervor. Auch im Verhältnis zu den Naturwissenschaften sahen sich die traditionellen Kernfächer der Geisteswissenschaften neuen Herausforderungen ausgesetzt. Diesen Veränderungen trug eine Neuausrichtung der Junius-Reihe Rechnung, die seit 2003 von der verstorbenen Cornelia Vismann und zwei der Unterzeichnenden (M.H. und D.T.) verantwortet wurde.

Ein Jahrzehnt später erweisen sich die Kulturwissenschaften eher als notwendige Erweiterung denn als Neubegründung der Geisteswissenschaften. In den Fokus sind neue, nicht zuletzt politik- und sozialwissenschaftliche Fragen gerückt, die sich produktiv mit den geistes- und kulturwissenschaftlichen Problemstellungen vermengt haben. So scheint eine erneute Inventur der Reihe sinnvoll, deren Aufgabe unverändert darin besteht, kompetent und anschaulich zu vermitteln, was kritisches Denken und Forschen jenseits naturwissenschaftlicher Zugänge heute zu leisten vermag.

Zur Einführung ist für Leute geschrieben, denen daran gelegen ist, sich über bekannte und manchmal weniger bekannte Autor(inn)en und Themen zu orientieren. Sie wollen klassische Fragen in neuem Licht und neue Forschungsfelder in gültiger Form dargestellt sehen.

Zur Einführung ist von Leuten geschrieben, die nicht nur einen souveränen Überblick geben, sondern ihren eigenen Standpunkt markieren. Vermittlung heißt nicht Verwässerung, Repräsentativität nicht Vollständigkeit. Die Autorinnen und Autoren der Reihe haben eine eigene Perspektive auf ihren Gegenstand, und ihre Handschrift ist in den einzelnen Bänden deutlich erkennbar.

Zur Einführung ist in der Hinsicht traditionell, dass es den Stärken des gedruckten Buchs – die Darstellung baut auf Übersichtlichkeit, Sorgfalt und reflexive Distanz, das Medium auf Handhabbarkeit und Haltbarkeit – auch in Zeiten liquider Netzpublikationen vertraut.

Zur Einführung bleibt seinem ursprünglichen Konzept treu, indem es die Zirkulation von Ideen, Erkenntnissen und Wissen befördert.

Michael Hagner
Ina Kerner
Dieter Thomä

Inhalt

1. Einleitung

Erleben wir gegenwärtig einen »populistischen Moment«?[1] Diese Frage stellt sich nicht zuletzt mit Blick auf den 20. Januar 2017. An diesem Tag passierte das, was viele Beobachter lange Zeit für unmöglich gehalten hatten: Donald J. Trump wurde als 45. Präsident der Vereinigten Staaten von Amerika vereidigt. Wie man seine Amtsübernahme auch bewerten mag, eines stellt sie zweifellos dar: ein Ereignis. Und wie die politische Karriere Trumps auch immer ausgehen wird, ob er nun als Narr, als Tyrann oder als großer Politiker – oder auch nichts von alldem – in die Geschichtsbücher eingehen wird, wahrscheinlich ist, dass der Populismus die westlichen Demokratien weiterhin beschäftigen wird. Für diese Prognose sprechen nicht nur die Wahl von Donald J. Trump und der »Brexit« in Großbritannien, sondern auch die Etablierung populistischer Parteien in den europäischen Parteiensystemen, der Aufstieg und die Radikalisierung der Alternative für Deutschland sowie die inzwischen mehrfache Wiederwahl nationalpopulistischer Regierungen in Polen und Ungarn. Diese Konjunktur wirft insbesondere folgende Fragen auf: Was charakterisiert Populismus? Wieso entsteht er? Und wie ist er zu bewerten? Unsere Einführung soll Antworten auf diese drei Fragen geben. Doch die Beantwortung dieser Fragen sieht sich mit einer besonderen Schwierigkeit konfrontiert.

In der Öffentlichkeit wird immer häufiger vom Populismus gesprochen. Die Ausdrücke »Populismus« und »populistisch«

werden dabei, zumindest in Europa und insbesondere in Deutschland, zumeist als ein polemisches Mittel genutzt, um normativ fragwürdige politische Prozesse oder Akteure zu bezeichnen und abzuwerten. Wer den anderen in diesem Sinne als einen »Populisten« bezeichnet, der will ihn häufig als einen »Volksverführer« oder »Demagogen« brandmarken, der den Volkszorn in Wallung bringe, auf Sündenböcke lenke und die Axt an die liberale Demokratie lege – die doch vor allem von Toleranz und einer sachlichen, auf Vernunft und Mäßigung basierenden Politik lebe. Der Vorwurf lautet: Wer populistisch Politik macht, der macht nicht nur schlechte Politik, er macht auch gefährliche Politik. Dieser Vorwurf wird von den Angegriffenen meist zurückgewiesen. Und nicht selten geschieht dies mit dem Argument, wer ein »Populist« sei, der sei gar kein Volksverführer, ganz im Gegenteil. Ein Populist sei vielmehr ein »Volksversteher«, jemand, der die Stimme der einfachen Bürger höre und sie in die Politik trage. Wer populistisch Politik mache, der mache Politik im Sinne des Volkes. Und sei das nicht eigentlich demokratisch?

So verwendet, ist »Populismus« ein wertender Begriff, und zwar unabhängig davon, ob man den Populismus als legitim oder illegitim betrachtet. Neben dieser normativen, wertenden Begriffsverwendung, die sich in den politischen Auseinandersetzungen häufig findet, kann man bisweilen auch noch eine andere Verwendungsweise beobachten. Der Begriff des Populismus ist zu einem Reflexionsbegriff und einem Diagnoseinstrument geworden. Zu einem Konzept also, das etwas Neues, eine Veränderung der politischen Situation in westlichen Demokratien und den Aufstieg einer neuen Form des Politikmachens, fassen soll. Der Begriff wird hier in erster Linie explanativ, analytisch oder diagnostisch genutzt.

Wer in diesem Sinne »populistisch« oder »Populismus« sagt, der will nicht, oder zumindest nicht primär, (ab-)werten, sondern eine bestimmte Art des Politikmachens oder eine politische Konstellation beschreiben, sie auf den Begriff bringen und erklären, sie in ihre Elemente zerlegen und verstehen. Während es bei der normativen Begriffsverwendung zumeist darum geht, den politischen Gegner zu diskreditieren und für die eigene Position Unterstützung zu gewinnen, zielt die zweite Begriffsverwendung darauf ab, sich zu orientieren, die Situation zu deuten und sich in ihr zurechtzufinden. Allerdings besteht, wie im Folgenden deutlich werden wird, in der wissenschaftlichen und politischen Debatte zwischen beiden Begriffsverwendungen häufig ein Zusammenhang.

Hinzu kommt, dass der Begriff des Populismus kulturbedingt unterschiedliche normative Konnotationen trägt. Während »Populismus« in der Bundesrepublik Deutschland meist pejorativ verwendet wird und häufig als undemokratisch gilt, weshalb eine positive Bezugnahme auf den »Populismus« auch kaum Chancen auf Erfolg in der Öffentlichkeit hat, sieht dies in der politischen Kultur der USA anders aus. »Populismus« ist dort nicht per se negativ konnotiert, zuweilen trägt das Wort sogar den Beiklang des Demokratischen.

In den sozialwissenschaftlichen Theorien über den Populismus lässt sich häufig eine Vermischung beider Ebenen beobachten. Dort wird Populismus in der Regel begrifflich bestimmt, erklärt, analysiert, interpretiert *und* bewertet. Und das ist auch nicht verwunderlich oder gar anstößig. Denn trotz aller Versuche, aus der Sozialwissenschaft eine »strenge« oder »harte« Wissenschaft zu machen und sie auf szientistische Normen der Wertfreiheit und Objektivität zu verpflichten, ist die Sozialwissenschaft – die Wissenschaft *von* der Gesellschaft – immer auch eine Wissenschaft *in* der Gesellschaft. Und das heißt, sie ist in die politischen Strömungen und Gruppierungen, in die Debatten und Konflikte der Gesellschaft verstrickt.

Wissenschaftler sind nicht nur auf innerwissenschaftliche Reputation, sondern manchmal auch auf ihre Wahrnehmung in der Öffentlichkeit bedacht. Sowohl für die Steigerung der öffentlichen Sichtbarkeit, die durch Präsenz in den Massenmedien entsteht, als auch für die Aussicht auf die Mehrung der eigenen Reputation gibt es vorteilhaftere und weniger vorteilhafte Theorien. Wer Reputation oder Sichtbarkeit anstrebt, hat einen Anreiz, die hierfür vorteilhaftere Theorie zu bevorzugen – ungeachtet der tatsächlichen Triftigkeit der Theorie. Herrscht in der politischen Öffentlichkeit eine antipopulistische Grundhaltung vor, ist es in ihr vorteilhaft, eine antipopulistische Position zu vertreten.

Wissenschaftler folgen zwar in der Regel dem sozialwissenschaftlichen Ethos der Wahrheitssuche. Sie vertreten ihre Theorien nicht deshalb, weil sie ihnen vorteilhaft, sondern weil sie ihnen wahr oder richtig zu sein scheinen. Gleichwohl bleiben sie Menschen, mit ihren je eigenen Leidenschaften, Interessen, Vorlieben und Abneigungen, ihren Affekten und Emotionen. Auch das schlägt sich in den sozialwissenschaftlichen Theorien über den Populismus nieder. Schließlich gehören zeitgenössische Sozialwissenschaftler häufig einer Bevölkerungsgruppe an, die soziokulturell und politisch denkbar weit vom Populismus entfernt ist. Vereinfacht gesagt: Ihre kulturelle Weltoffenheit und ihre kosmopolitische Orientierung, aber auch ihr Selbstbild als politische Experten stehen im Kontrast zum populistischen Lob der Gemeinschaft und des vortheoretischen Alltagswissens.

Doch auch andersherum gilt: Wissenschaftliche Theorien und Erkenntnisse werden in der politischen Auseinandersetzung nicht selten als ein Mittel eingesetzt, mit denen Akteure ihre eigene politische Position vernünftig und gut begründet, die gegnerische Position hingegen irrig, unhaltbar oder gar gefährlich aussehen lassen wollen. Dies lässt sich vor allem bei politisch umkämpften Themen beobachten, etwa beim Klimawandel oder

der Wirtschaftspolitik. Für den Populismus und den Umgang mit ihm gilt das ebenfalls. Wenn Politiker und Parteien ihre populistischen Herausforderer diskreditieren wollen, kommt ihnen zum Beispiel eine wissenschaftliche Theorie gelegen, die den Populismus als eine demokratiefeindliche Ideologie charakterisiert. Ob diese Theorie zutrifft, ist freilich eine andere Frage.

Aus all dem folgt, dass gegenüber einer Sozialwissenschaft, die einen wertfreien Standpunkt reklamiert, Zweifel angebracht sind. Zumal dann, wenn sie in Anspruch nimmt, ein so kontroverses Thema, wie es der Populismus nun einmal darstellt, objektiv und neutral behandeln zu können. Das gilt selbstverständlich auch für diese Einführung in *Theorien des Populismus*. Auch wir haben unsere eigenen spezifischen Weltdeutungen und unsere sozial selektiven Erfahrungsräume, die unsere Sicht des Phänomens geprägt haben. Zudem handelt es sich um eine theoriegeleitete und damit auch normative Einführung in sozialwissenschaftliche Theorien über den Populismus. Kurz gefasst lautet unsere These: Der Populismus ist eine Reaktion auf die nicht eingehaltenen Versprechen der Demokratie.

Wie eingangs schon angedeutet, besteht das Ziel dieser Einführung in der Klärung und Beantwortung von drei Fragen. Sie entsprechen dem, was eine Theorie leisten sollte: ihren Gegenstand deutend zu beschreiben, ihn zu erklären und ihn zu bewerten. An erster Stelle steht die Frage nach dem Charakter des Phänomens selbst, also die Frage: *Was ist Populismus?* Als nächstes stellt sich die Frage, warum und unter welchen Bedingungen Populismus entsteht – und warum er gegenwärtig in Europa auf dem Vormarsch ist. Die zweite Frage lautet mithin: *Warum entsteht Populismus?* Drittens handelt es sich beim Populismus um ein politisches Phänomen, mit dem praktische Fragen des Umgangs und der eigenen Stellungnahme verbunden sind. Die dritte Frage lautet deshalb: *Wie ist Populismus zu bewerten?*

Wir haben die Einführung anhand dieser drei Fragen gegliedert, wohl wissend, dass in Theorien über den Populismus immer alle drei Fragen zugleich eine Rolle spielen.[2] Theorien, die den Populismus deuten und seine Entstehung erklären wollen, verfügen über eine zumindest implizite Definition, was Populismus ist. Zugleich gehen in diese Definitionen immer auch normative Überzeugungen ein. So werden in der empirischen Forschung und der Theoriebildung oftmals normative Setzungen stillschweigend vorausgesetzt. Bei der Darstellung der Theorien sind deshalb auch ihre normativen Hintergrundannahmen herauszuarbeiten.

Durch die Orientierung an den drei Fragen wollen wir auf das Ineinanderwirken von Definition, Ursachenanalyse und Bewertung aufmerksam machen. Zugleich ermöglicht sie, die jeweils unterschiedlichen theoretischen Zugänge mit Blick auf eine Leitfrage darzustellen. Mit dem Buch wollen wir den Leserinnen und Lesern eine Einführung in die wichtigsten Theorien des Populismus bieten und ihnen mit den drei Fragen einen Leitfaden zum Verständnis des Gegenstandes an die Hand geben. Allerdings ist mit dieser Gliederung auch ein Preis verbunden. Denn gerade weil man die normativen und empirischen Aspekte von Theorien nur analytisch trennen kann, wird es an einigen Stellen zu kleineren Wiederholungen kommen, weil sich ansonsten zu große Verständnisschwierigkeiten auftun würden.

Unsere Einführung ist wie folgt aufgebaut: In Kapitel zwei geben wir einen Überblick über die Facetten des Populismus als einem historisch vielgestaltigen Phänomen. Ziel ist es dort, jene Akteure und Bewegungen darzustellen, die in der Forschung als »populistisch« beschrieben werden. Dabei soll deutlich werden, dass es nicht den einen Populismus gibt, sondern heterogene Populismen. Gleichwohl kann es sinnvoll sein, von *dem* Populismus zu sprechen. Dies werden wir in Kapitel drei zeigen, wo wir der ersten Leitfrage nachgehen: Was ist Populismus? Wir plädieren dafür, den Populismus mit Blick auf die Demokratie zu definieren. An dieser Stelle wird unsere normative Position, ein bestimmtes Verständnis von Demokratie, deutlich werden. Wir verstehen Demokratie als eine Herrschaftsform, die durch eine Spannung zwischen Ideal und Wirklichkeit gekennzeichnet ist. Auf der einen Seite steht das demokratische Ideal, es verspricht politische Freiheit und Gleichheit für alle Bürgerinnen und Bürger. Auf der anderen Seite steht die politische Wirklichkeit. Sie weist erhebliche Abweichungen von diesem Ideal auf, denn auch in den real existierenden Demokratien herrschen Eliten. Dieser Widerspruch bildet den Nährboden für Populismus. Im vierten Kapitel geht es um die Frage: Warum entsteht Populismus? Hier werden wir die wichtigsten Erklärungen und Deutungen der Ursachen des Populismus darstellen und diskutieren. Anschließend werden im fünften Kapitel normative Positionen vorgestellt; wir werden dort drei unterschiedliche Wertungen des Populismus erläutern und zeigen, dass zwischen dem jeweiligen Demokratieverständnis und der Bewertung des Populismus ein enger Zusammenhang besteht. Unsere Einführung endet mit einer zeitdiagnostischen These. Ausgangspunkt ist die Frage, warum der Populismus in den letzten Jahren einen solchen Auftrieb bekommen hat. Wir argumentieren, dass der Populismus eine Reaktion darstellt – und zwar eine Reaktion auf etwas, was wir den postdemokratischen Liberalismus nennen. Dabei kritisieren wir auch eine vor allem moralisierende Auseinandersetzung mit dem Populismus.

2. Facetten des Populismus

In den nachfolgenden Kapiteln beschäftigen wir uns ausführlicher mit den Fragen, was in einem sozialwissenschaftlichen Sinn unter Populismus zu verstehen ist, was seine Entstehungsgründe sind und wie in der politikwissenschaftlichen Debatte dessen Verhältnis zur (liberalen) Demokratie beurteilt wird. Zunächst geht es jedoch darum, sich dem Populismus gleichsam historisch-phänomenologisch zu nähern. Wir wollen einen Überblick über jene Politiker, Parteien, Bewegungen und Regime geben, die in der sozialwissenschaftlichen Literatur gemeinhin als »populistisch« bezeichnet werden. Wir werden dabei auf die USA, Südamerika und Westeuropa eingehen und einen kurzen Ausblick auf Osteuropa geben. Politiker, Parteien und Bewegungen, die als »populistisch« bezeichnet werden, sind zwar ein mehr oder minder globales Phänomen, wir beschränken uns aber auf jene Staaten, die ihre Legitimität in besonderer Weise der Beschwörung demokratischer Ideale verdanken. Denn wie wir im nächsten Kapitel argumentieren werden, setzt der Populismus die prinzipielle Akzeptanz der Demokratie voraus.

2.1 Die Geburt des Populismus in den Vereinigten Staaten von Amerika

Seinen Namen verdankt der Populismus einer politischen Protestbewegung, die am Ende des 19. Jahrhunderts in den Vereinigten Staaten von Amerika entstanden ist, dem *populist movement.* An ihr zeigen sich bereits wesentliche Merkmale, die auch heute populistischen Bewegungen und Parteien zugeschrieben werden. Und bereits an ihr scheiden sich die Geister. Sehen die einen in ihr ein US-amerikanisches Pedant zur westeuropäischen Sozialdemokratie und damit eine genuin progressive Kraft, betonen andere ihren rückwärtsgewandten, bisweilen auch rassistischen Charakter sowie die Neigung zu verschwörungstheoretischem Denken.[3]

Das *populist movement* bestand vornehmlich aus Kleinfarmern des Mittleren Westens und Südwestens der USA. Ihren Höhepunkt erlebte diese soziale Bewegung in den 1880er und 1890er Jahren; sie konnte während dieser Zeit auch Wahlerfolge feiern. So wurden Kandidaten ihrer People's Party teilweise mit Unterstützung der Demokraten, etwa in Kansas, Nebraska und Colorado, zum Gouverneur gewählt. Auf bundesstaatlicher Ebene gelang es ihr, eine Reihe von Abgeordneten in den Senat und das Repräsentantenhaus zu schicken – allein die ganz großen Erfolge blieben aus. Dies gilt insbesondere für die Präsidentschaftswahlen von 1896. Die Niederlage ihres Kandidaten, William Jennings Bryan, der gemeinsam mit den Demokraten nominiert wurde, leitete schließlich den Niedergang des *populist movement* ein.

Die Entstehung des *populist movement* lässt sich vornehmlich auf zwei Faktoren zurückführen, das politische System und den gesellschaftlichen Wandel in der zweiten Hälfte des 19. Jahrhunderts. Die USA besitzen bis heute ein Mehrheitswahlrecht, welches mit einem Zwei-Parteien-System einhergeht, und das gilt sowohl für die bundesstaatliche als auch für die einzelstaatliche Ebene. Spätestens mit dem Ende des Amerikanischen Bürgerkriegs (1861–1865) entwickelte sich der bis heute bekannte Dualismus von Republikanern und Demokraten. Beide Parteien waren jedoch nur bedingt offen für die Forderungen jener Farmer, die sich infolge des gesellschaftlichen Wandels zunehmend in ihrer Existenz bedroht sahen. Ursächlich für dieses Bedrohungsgefühl waren Veränderungen, die schon seit Mitte des 19. Jahrhunderts die kulturellen wie ökonomischen Voraussetzungen des Kleinfarmertums zersetzt hatten.

Der Kleinfarmer war ein für die Frühphase der USA prägender Sozialtypus, seine Lebensform wurde im Ideal des *yeoman* ausgedrückt. Es handelte sich bei dem *yeoman* um einen freien Bauern, der ein kleines Stück Land besaß und überwiegend eine Subsistenzwirtschaft betrieb. Doch diese Form des Wirtschaftens geriet bereits vor dem Bürgerkrieg im Zuge der sogenannten *Market Revolution* (Sellars 1991) unter Druck. Immer mehr Farmer begannen für den Markt zu produzieren und ihre Ländereien entsprechend zu vergrößern. Die durch den Eisenbahnbau verbesserten Transportmöglichkeiten beschleunigten diesen Prozess erheblich. Allerdings zwang dieser Wandel viele Farmer zur Aufnahme von Krediten; viele von ihnen gerieten in eine Schuldenfalle und wurden abhängig von ihren Gläubigern. Zudem kam es Anfang der 1870er Jahre zu einer wirtschaftlichen Depression, was zu sinkenden Preisen für die landwirtschaftlichen Produkte führte. In vielen Bundesstaaten bestanden überdies Eisenbahnmonopole, die zu überhöhten Transportpreisen und zu einer erheblichen Zunahme der Schulden derjenigen Farmer beitrugen, welche auf die Nutzung der Eisenbahn angewiesen waren.

Vor diesem Hintergrund kam es zu Protesten, die sich zunächst gegen die damals diskutierte Rückkehr zum Goldstandard richteten. Denn mit dem Goldstandard war die Gefahr einer Deflation verbunden, was wiederum die Schuldenlast der Farmer erheblich gesteigert hätte. 1876 wurde aus dieser Protestbewegung heraus die National Greenback Party gegründet, benannt nach den nicht vom Goldstandard gedeckten Dollarscheinen.

In den späten 1870er Jahren hatte sich zudem die Farmer's Alliance gebildet, die ebenfalls zur politischen Mobilisierung verschuldeter Kleinbauern beitrug; zunächst in Texas, später auch in weiteren Staaten des Südwestens. 1891 kam es zur Gründung der People's Party, die auch als Populist Party bezeichnet wurde. In ihr gingen sowohl die Greenback Party als auch große Teile der Farmer's Alliance auf.

Die Forderungen der Populisten wurden in der 1892 wesentlich von Ignatius L. Donnelly verfassten programmatischen Schrift *Omaha Platform* zusammengetragen. Sie umfasste sowohl wirtschaftliche als auch politische Forderungen. Wirtschaftlich wurden insbesondere die Beibehaltung des Silberstandards, die weitere Ausgabe von Papiergeld, die Verstaatlichung der Eisenbahngesellschaften sowie eine progressive Einkommenssteuer gefordert. Die Populisten plädierten zudem für staatliche Eingriffe in die Ökonomie, etwa in Form von Stützungskäufen beim Preisverfall landwirtschaftlicher Produkte. Zu den im engeren Sinne politischen Forderungen gehörten die Einführung von Vorwahlen, die Direktwahl der Senatoren, das Wahlrecht für Frauen sowie die Möglichkeit der Abwahl von Amtspersonen (*recall*).[4]

Die People's Party war in den 1890er Jahren durchaus erfolgreich. Sie bestimmte nicht nur die politische Diskussion, sondern konnte auch bei den Wahlen Erfolge feiern (unionsweit lag sie 1892 bei den Präsidentschaftswahlen bei acht Prozent und 1894 bei den Midtermwahlen bei zehn Prozent). Nach der Wahlniederlage von William Jennings Bryan bei den Präsidentschaftswahlen im Jahr 1896, bei denen es noch einmal wesentlich um den Goldstandard ging, verlor die People's Party jedoch an Bedeutung. Dazu hatten auch eine damals einsetzende Phase des wirtschaftlichen Aufschwungs und gute Ernten beigetragen, wodurch der ökonomische Druck auf die Farmer nachließ.

Auch wenn diese Populisten von einigen Historikern als US-amerikanisches Pendant zum europäischen Sozialismus und zur Sozialdemokratie gesehen werden, haben sie keine grundsätzliche Kritik am Kapitalismus formuliert. Sie forderten vielmehr Reformen, von denen sie sich eine Verbesserung ihrer wirtschaftlichen Situation erhofften und die die Macht der Banken und Eisenbahngesellschaften begrenzen sollten. Ihre Forderungen zielten auf die Wiederherstellung ökonomischer Selbständigkeit. Das kann man als »primär rückwärtsgewandt« (Puhle 1986: 19) beurteilen. Wichtig ist aber, dass darin auch ein Ideal des Produktionismus zum Ausdruck kommt.[5] Es besagt: Identität und Selbstwertgefühl speisen sich vornehmlich aus der Fähigkeit, sich und seine Familie mittels eigener Arbeit zu ernähren und anderen Instanzen gegenüber nicht abhängig oder ihnen gar ausgeliefert zu sein – etwa im Falle der Überschuldung. Der Protest der Populisten richtete sich deshalb gegen jene, die sie für den Verlust ihrer Selbständigkeit verantwortlich machten. Dazu gehörten wirtschaftlich mächtige Akteure (Banken, Eisenbahngesellschaften). Dazu zählten aber auch jene, die als billige Arbeitskräfte zur Verfügung standen. Im Fall des *populist movement* handelte es sich dabei insbesondere um Chinesen und Afroamerikaner, die von Großfarmern eingestellt wurden. In den Forderungen der Populisten fanden sich daher auch fremdenfeindliche Töne.

Bei der Beurteilung des *populist movement* scheiden sich die Geister. Dies liegt daran, dass bereits hier die ganze Ambivalenz des Populismus offenbar wird; zumindest dann, wenn er vor dem Hintergrund eines liberalen Demokratieverständnisses betrachtet wird. Denn einerseits besaß die Bewegung der US-amerikanischen Farmer zweifelsohne eine emanzipatorische Stoßrichtung, und zwar sowohl in ökonomischer als auch in politischer Hinsicht. Das zeigt sich nicht nur in ihrer Forderung nach einer progressiven Einkommenssteuer und einer stärkeren Staatstätigkeit, die die ökonomisch Schwachen schützt, sondern auch in ihrem Einsatz für das Frauenwahlrecht und für mehr direkte Demokratie. Andererseits zeigen sich bereits jene Merkmale des Populismus, die heute viele Beobachter an ihm kritisieren. Dazu gehören die erwähnte Fremdenfeindlichkeit sowie verschwörungstheoretische Elemente. Richard Hofstadter hat das *populist movement* in seinem 1955 erschienenen Buch *The Age of Reform* auch als dezidiert antisemitisch gedeutet. Hofstadters Buch, das mit der bis dahin vorherrschenden progressiven und mithin sehr wohlwollenden Deutung der People's Party brach, hatte im Kontext der McCarthy-Ära zu einer Wende der Populismusforschung geführt und ist bis heute umstritten.[6]

Es ist hier nicht der Ort, um die Geschichte des Populismus in den USA vom *populist movement* bis hin zur Tea-Party-Bewegung und Donald J. Trump in all ihren Verästelungen darzustellen. Zwei wirkmächtige Stationen sollen aber zumindest kurz noch beleuchtet werden, da sie ein Schlaglicht auf die Ambivalenz des Populismus werfen. Dabei handelt es sich erstens um Huey P. Long, der von 1928 bis 1932 Gouverneur von Louisiana war und 1935 ermordet wurde, zweitens um George C. Wallace, der 1963 zum ersten von vier Malen zum Gouverneur von Alabama gewählt wurde und einem Attentat zum Opfer fiel, von dem er eine Querschnittslähmung davontrug. Sowohl Long als auch Wallace hatten Ambitionen auf die Präsidentschaft, und die Attentate verhinderten jeweils eine Kandidatur. Insbesondere das Attentat auf Wallace hat Anlass für Verschwörungstheorien gegeben, die uns hier jedoch nicht weiter zu interessieren brauchen. Hervorzuheben ist vielmehr ein anderes Merkmal, das im Vergleich mit dem *populist movement* hervorsticht, dass nämlich in den entsprechenden geschichts- und sozialwissenschaftlichen

Darstellungen nicht mehr von einer Bewegung, sondern von zwei Politikern die Rede ist. Zwar gab es auch in dem *populist movement* Personen wie die erwähnten Ignatius L. Donnelly und William Jennings Bryan, die als Sprachrohre dienten, doch größtenteils handelte es sich bei dem *populist movement* um eine Graswurzelbewegung. Das war bei Long und Wallace anders.

Folgt man der idealtypischen Unterscheidung zwischen progressiven und reaktionären Formen des Populismus von John Abromeit et al. (2016), dann ist diese Personalisierung ein wesentliches Merkmal einer Inversion des Populismus hin zu einer reaktionären Form. Ihnen zufolge lauten die wichtigsten Unterschiede zwischen einem progressiven (linken) und einem reaktionären (rechten) Populismus: ein eher pragmatischer Umgang mit Ämtern und Leitungspositionen gegenüber der zentralen Rolle eines charismatischen Führers; ein flexibler und offener Begriff des Volkes gegenüber einem ethnisch fundierten Volksverständnis; die Verpflichtung auf universelle Werte wie Gerechtigkeit und Gleichheit gegenüber der Betonung von *natural hierarchies*, etwa zwischen den Geschlechtern und zwischen weißen Amerikanern und Afroamerikanern (Abromeit et al. 2016: xvi). Doch weder Long noch Wallace können eindeutig als reaktionär oder progressiv eingeordnet werden.

Der Aufstieg von Long war verbunden mit der Weltwirtschaftskrise und dem daraus resultierenden Elend der mittleren und unteren Schichten sowie dem Aufkommen moderner Medien wie dem Radio und den Möglichkeiten der Massenkommunikation. Berühmt wurde Long vor allem wegen seiner Kritik an der Politik des *New Deal* von Franklin Roosevelt, die ihm nicht weit genug ging. Er forderte eine deutlich höhere Besteuerung von Vermögen und Spitzeneinkommen und ein staatlich garantiertes Mindesteinkommen. Als Gouverneur von Louisiana führte Long Steuererleichterungen für arme Familien und eine staatliche

Krankenversicherung ein und er startete eine Alphabetisierungskampagne, von der nicht zuletzt Afroamerikaner profitierten. Darüber hinaus initiierte er massive Investitionsprogramme, etwa im Straßenbau und bei der Errichtung von Schulen. 1934 gründete Long die Organisation *Share the Wealth*, die eine sozialdemokratische Programmatik vertrat und in den USA großen Zulauf verzeichnete, nach seiner Ermordung aber in sich zusammenfiel.

Dies alles liest sich nun freilich nicht wie ein idealtypischer reaktionärer Populismus, von der besonderen Stellung Longs als charismatische Führungsperson einmal abgesehen. Und doch ist Long eine Nähe zum Faschismus unterstellt worden (vgl. Priester 2007: 112 ff.). Anlass dafür gaben der Aufbau massenklientelistischer Strukturen, seine Propagandamethoden – vor allem seine Radioansprachen – sowie seine durchaus ambivalente Haltung zu der gerade in den Südstaaten virulenten Frage der Segregation. Bei George C. Wallace stellte sich das schon etwas eindeutiger dar.

Die Rolle, die der sich in seinen öffentlichen Auftritten immer betont volkstümlich gebende Wallace in der US-amerikanischen Politik spielte, ist vor dem Hintergrund zweier Bewegungen in den 1960er Jahren zu sehen: der afroamerikanischen Bürgerrechtsbewegung und der Studentenbewegung. Zugleich war die soziale Frage nach den Erfolgen der Reformen des *New Deal* und dem Nachkriegsboom wieder stärker auf die politische Agenda gerückt. So war es ein Erfolg der unter Präsident Lyndon B. Johnson von 1964 bis 1969 groß angelegten Sozialreform (*Great Society*), die Armutsquote von 23 auf 13 Prozent zu senken, unter Afroamerikanern ging sie sogar von 58 auf 27 Prozent zurück. Doch das brachte Verteilungskämpfe mit sich. Vor allem zwischen denen, die von dem Ausbau des Wohlfahrtstaats profitierten, und jenen, die davon überzeugt waren, dafür zahlen zu müssen. Es waren insbesondere Weiße der unteren Mittelschicht, die Wallace mobilisieren konnte. Dabei schreckte er nicht vor rassistischen Äußerungen zurück und befürwortete die Segregation. Als Gouverneur von Alabama verhinderte er, dass sich afroamerikanische Studenten an den Universitäten einschreiben konnten. Auch wandte er sich gegen das damals eingeführte *Busing*-System, das für eine Durchmischung der ethnischen Zusammensetzung an Schulen und auf diese Weise für mehr Chancengleichheit sorgen sollte. Sein Argument dagegen war: Vor allem die gut situierten Weißen setzten sich für dieses System ein, schickten ihre eigenen Kinder aber auf teure Privatschulen.

Wallace wandte sich nicht nur gegen die Bürgerrechtsbewegung; ab der zweiten Hälfte der 1960er Jahre attackierte er auch die Studentenbewegung und deren Kritik der autoritären Strukturen einer fordistischen Gesellschaft. Dabei skandalisierte er vor allem den alternativen Lebensstil der Studenten, der nicht an harter, körperlicher Arbeit ausgerichtet war. Er griff aber auch jene Bevölkerungsgruppen an, die trotz ihres ökonomischen Erfolgs wenig bis gar keine Steuern zahlen würden. Damit vertrat Wallace geradezu prototypisch eine Ideologie des Produktionismus, der zufolge die »ehrlich arbeitenden Menschen« von zwei Seiten ausgebeutet werden. Zum einen richtet sich seine Kritik gegen unproduktive Gruppen wie Studenten, aber auch gegen die Angehörigen der Oberschicht, die andere für sich arbeiten lassen. Zum anderen denunzierte Wallace jene als »Schmarotzer«, die vermeintlich von wohlfahrtsstaatlichen Transferleistungen lebten; hier gerieten vor allem Afroamerikaner in sein Fadenkreuz.

2.2 Populismus in Südamerika

Juan Perón, Getúlio Vargas, Carlos Menem, Alberto Fujimori, Néstor und Christina Kirchner, Hugo Chávez, Evo Morales – die Liste der als »populistisch« bezeichneten Staatsoberhäupter in Südamerika ist lang. Dort hat der Populismus die politische Geschichte am stärksten geprägt. Populisten traten nicht nur als Oppositionskräfte in Erscheinung, sondern konnten über mehrere Jahre, zum Teil Jahrzehnte lang, als Staatspräsidenten die Geschicke ihrer Länder bestimmen. Das ist ein ganz entscheidender Unterschied zu Westeuropa, wo populistischen Parteien auf nationaler Ebene, wenn überhaupt, bisher nur als Juniorpartner einer Koalitionsregierung die Teilhabe an der politischen Macht gelang. Eine zweite Differenz besteht darin, dass der Populismus in Südamerika inklusive Züge aufweist. Er pflegt dort zwar auch eine Rhetorik der Abgrenzung, die auf ethnische Zugehörigkeit zielt, doch handelt es sich dabei vornehmlich um eine Beschwörung der eigenen Identität, die sich gegen die als »imperialistisch« bezeichneten Kräfte, vor allem gegen die Dominanz der USA in »ihrem Hinterhof« richtet. Im Unterschied zum derzeit in Europa vorherrschenden Rechtspopulismus wendet sich der Populismus in Südamerika mithin nicht gegen Einwanderer oder ethnische Minderheiten. Charakteristisch für den südamerikanischen Populismus ist vielmehr eine Politik der Inklusion der armen Bevölkerungsschichten. Dabei lassen sich drei Dimensionen unterscheiden. Die Inklusion erfolgte zunächst politisch, vor allem durch die Ausweitung des Wahlrechts und die Durchsetzung politischer Rechte. Beispielsweise führte Juan Perón in Argentinien das Frauenwahlrecht ein (vgl. Schamis 2013: 155). Zweitens ist es in Ländern, die von sehr starken sozialen Ungleichheiten und Armut geprägt waren, unter populistischen Regierungen zum Teil zu einem erheblichen Rückgang der Armut gekommen. Drittens erfolgte immer wieder eine symbolische Inklusion, die sich durch einen betont volkstümlichen Sprachgebrauch der Populisten oder in ihrem Kleidungsstil äußert. Man denke hier an den indigenen Kleidungsstil von Evo Morales.

Gleichwohl standen und stehen Populisten in Südamerika in der Kritik. Perón wurde eine Nähe zum Faschismus vorgeworfen, den Kirchners, Morales und Chávez ein autoritär-plebiszitärer Regierungsstil, der zulasten liberaler Prinzipien wie Gewaltenteilung, Rechtsstaatlichkeit und Meinungsfreiheit gehe. Ein weiterer Kritikpunkt ist der des Massenklientelismus: Die populistischen Machthaber erkauften sich ihre hohe Zustimmung im Volk vor allem durch eine – aus liberaler Sicht fragwürdige – Umverteilungspolitik. Ob man eine Politik der sozialen Inklusion pejorativ als Massenklientelismus oder lobend als Aufbau wohlfahrtsstaatlicher Strukturen beschreibt, mag von der Betrachtungsweise abhängen. In Lateinamerika ließ und lässt sich jedenfalls beides beobachten: die »Versorgung« von Anhängern im Staatsapparat und eine Erweiterung sozialer Rechte, beispielsweise der Aufbau einer staatlichen Rentenversorgung.

Der südamerikanische Populismus kann in drei Wellen unterteilt werden: der klassische Populismus in der ersten Hälfte des 20. Jahrhunderts; der neoliberal geprägte Populismus der 1990er Jahre; der dritte, inzwischen wieder schwächer werdende Linkspopulismus zu Beginn des 21. Jahrhunderts.

Juan Perón und seine Frau Evita sind wohl die bekanntesten Populisten der ersten Hälfte des 20. Jahrhunderts in Südamerika. Aber auch Getúlio Vargas in Brasilien oder Raúl Haya del la Torre in Peru waren bekannte Politiker, die als Populisten gelten. Der Populismus dieser Zeit wird in der Forschung vorwiegend modernisierungstheoretisch erklärt, nämlich als eine Reaktion auf den Wandel von einer agrarisch geprägten hin zu einer industrialisierten Gesellschaft.[7] Die Industrialisierung führte zur Landflucht und der Konzentration armer Bevölkerungsschichten in den großen Städten, wo diese von den Populisten mobilisiert werden konnten. Der Populismus reagierte auch auf den Zusammenbruch der Hegemonie der von Agrarexporten stark profitierenden ländlichen Oligarchen, die zuvor die politischen Prozesse kontrollierten, Anfang des 20. Jahrhunderts aber sowohl ökonomisch unter Druck gerieten als auch durch zahlreiche Korruptionsskandale an Glaubwürdigkeit verloren. Der alten Oligarchie konnten die Populisten eine Koalition aus Arbeitern und der urbanen Mittelklasse entgegensetzen. Dazu trug einerseits die volkstümliche Form ihrer Ansprachen bei, darüber hinaus war es aber auch das Versprechen der materiellen Besserstellung der Massen, für die sie unterstützt wurden. Die Popularität von Perón, Vargas und de la Torre verdankte sich also ihrem Versprechen, sich für die politischen wie sozialen Rechte der bislang am Rand lebenden Menschen einzusetzen. Wirtschaftspolitisch ging das mit einer staatlichen Interventions- und Steuerungspolitik, Verstaatlichungen sowie dem Schutz der nationalen Industrie einher. Ziel war es, die vormalige Exportorientierung und die damit verbundene Abhängigkeit vom Weltmarkt zu überwinden und zudem durch eine Konsumgüterproduktion den Lebensstandard der unteren Klassen zu erhöhen. Allerdings führte das mittelfristig zu einer immer stärker werdenden Belastung der Staatsfinanzen und in der Folge zu einer hohen Inflation. Wirtschaftliche Probleme, aber auch die Opposition aus Großgrundbesitzern, liberalem Bürgertum, katholischer Kirche und Militär bereiteten der ersten Periode des Populismus im Südamerika der 1950er Jahre ein Ende.

Einige Wissenschaftler (Finchelstein 2017; Hayes 1973; Thamer/Wippermann 1977) sehen Parallelen zu den faschistischen Bewegungen und Regimen, die etwa zeitgleich in Europa existierten. Sie verweisen dabei auf ein korporatistisches Wirtschaftssystem, die Mobilisierung der Massen und vor allem die Bündelung politischer Macht in einer charismatischen Führungsperson sowie die Missachtung liberaler Institutionen und Prinzipien. In der Tat sind diese strukturellen Ähnlichkeiten nicht zu bestreiten. Zudem hat Perón bereits vor seiner Präsidentschaft Sympathien für den europäischen Faschismus geäußert und nach dem Krieg zahlreichen Nationalsozialisten in Argentinien Unterschlupf gewährt. Der prominenteste unter ihnen war Adolf Eichmann. Zugleich muss aber auch betont werden, dass der Populismus in Südamerika nicht mit einer rassistischen Ideologie verbunden gewesen ist und dass es ebenso wenig zur Ausschaltung der Opposition oder zu einer aggressiven Außenpolitik gekommen ist. Zudem hat sich Brasilien unter Vargas auf der Seite der Alliierten ab 1944 am Zweiten Weltkrieg beteiligt.

Südamerika blieb auch in der Folgezeit ein unruhiger Kontinent. Es kam immer wieder zu Militärputschen und der Errichtung autoritärer Regime. Diese Putsche richteten sich oftmals gegen sozialistische Regierungen wie 1973 in Chile, als Salvador Allende mit Unterstützung der CIA von Augusto Pinochet gestürzt wurde. Das Militär putschte aber auch gegen populistische Machthaber wie 1976 in Argentinien gegen Präsidentin Isabel Péron, die Frau von Juan Péron, die nach dessen Tod 1974 die Regierungsgeschäfte übernommen hatte. Péron wurde 1973 erneut zum Präsidenten gewählt, nachdem er bereits 1955 durch einen Militärputsch gestürzt worden war.

Gegen Ende der 1980er Jahre stabilisierte sich der Kontinent, und liberale Demokratien traten an die Stelle der Militärdiktaturen. Zusammen mit ähnlichen Entwicklungen in Osteuropa war dies für Politikwissenschaftler der Anlass, von einer »Welle der Demokratisierung« zu sprechen. Die 1980er und 1990er Jahre waren in Südamerika jedoch auch die Zeit des Vordringens neoliberaler Ideen. Regierende Politiker verbanden umfassende neoliberale Reformen mit einem populistischen Politikstil und sicherten sich auf diese Weise eine Zeit lang die Unterstützung großer Teile der Bevölkerung. Zu den prominentesten Vertretern eines derartigen neoliberalen Populismus zählen Alberto Fujimori in Peru und Carlos Menem in Argentinien. Ursächlich für ihren Aufstieg zur Macht waren vornehmlich ökonomische Entwicklungen. Viele Staaten Südamerikas wurden Ende der 1980er Jahre von einer Hyperinflation und hoher Arbeitslosigkeit geplagt, die der Neoliberalismus mit seiner strikten Austeritätspolitik zu überwinden versprach. Mit diesem Versprechen konnten zunächst auch untere Schichten der Bevölkerung gewonnen werden. So stellt Nikolaus Werz mit Blick auf Fujimori fest: »Im Unterschied zum klassischen Populismus war die Variante Fujimoris keine Koalition der Arbeiterschaft und der nationalen Industrie, sondern eine politisch-ökonomische Strategie des Präsidenten und der Technokraten, die für eine von den wirtschaftlich liberal ausgerichteten Eliten mitgetragene Politik den Rückhalt auch der ärmeren Schichten zu erhalten suchte.« (Werz 2003: 57)

In der Tat gelang es durch neoliberale Reformen, die Inflation in den Griff zu bekommen. Weniger erfolgreich verlief jedoch der Kampf gegen die Arbeitslosigkeit. Die anhaltende soziale Polarisierung sowie eine Reihe von Korruptionsskandalen führten dann Ende der 1990er Jahre dazu, dass sowohl Fujimori als auch Menem immer mehr den Rückhalt in der Bevölkerung verloren.[8]

In der Literatur wird freilich darüber gestritten, inwieweit es überhaupt angemessen ist, Menem und Fujimori als Populisten zu bezeichnen. Ihre Politik war von großem Pragmatismus gekennzeichnet, wodurch sie sich deutlich von ihren Vorgängern unterscheiden. Zudem war ihre Klassenbasis im Unterschied zur ersten populistischen Welle in Südamerika eher diffus. Was Autoren wie Kurt Weyland (2001) dennoch von Neopopulismus sprechen lässt, ist Menems und Fujimoris Strategie der Mehrheitsgewinnung in Form der direkten Ansprache der Massen und der Umgehung vermittelnder Institutionen der politischen Willensbildung wie Parteien und Parlamenten. Letztere Merkmale treffen indes auch auf die jüngste Welle des Populismus in Südamerika zu; freilich werden sie dort mit einer anderen inhaltlichen politischen Stoßrichtung verbunden.

Nahezu unmittelbar auf die Phase des Neoliberalismus folgte eine populistische Revolte, die wieder stärker links bis sozialistisch geprägt war und damit an den Populismus der ersten Hälfte des 20. Jahrhunderts anknüpfte. In den unteren Schichten wuchs die Einsicht, dass man falschen Versprechungen Glauben geschenkt hatte; und die erwähnten Korruptionsskandale trugen zusätzlich dazu bei, dass sich der Zorn breiter Bevölkerungsschichten gegen die als neoliberal und korrupt verschrienen Machthaber und die mit ihnen verbundenen Eliten richtete. Das führte dazu, dass deutlich linksgerichtete Politiker durch Wahlen an die Macht kamen. Zu ihnen zählten die Kirchners in Argentinien, Luiz Inácio Lula da Silva in Brasilien, Hugo Chávez in Venezuela, Evo Morales in Bolivien und Raffael Correa in Ecuador. Sie standen für eine Politik der sozialen und politischen Inklusion der ärmeren Schichten. Ihnen gemeinsam war ein starker Rückhalt in der Bevölkerung, auch über die erste Amtszeit hinaus. Zudem konnten alle zum Teil beträchtliche Erfolge in der Armutsbekämpfung aufweisen.[9] Umstritten ist freilich, inwieweit es angemessen ist, sie alle als »populistisch« zu beschreiben, zumal sich erhebliche Unterschiede in der jeweiligen Amtsführung beobachten lassen.[10]

Chávez entsprach dem Idealtypus eines Populisten am stärksten. Das von ihm geführte Regime betrieb nicht nur eine Verstaatlichungspolitik, sondern rief auch zahlreiche Sozialprogramme ins Leben – gestützt auf einen hohen Ölpreis. Liberale Autoren warfen Chávez jedoch vor, Massenklientelismus zu betreiben.

Weiterhin kritisierten sie seinen Umgang mit der Opposition, den Eigentumsrechten, der Gewaltenteilung und den privaten Medien. Auch die starke Zentrierung auf seine Person, die sich etwa in seiner mehrstündigen Fernsehsendung *Aló Presidente* zeigte, wurde moniert. All diese für den Populismus geradezu idealtypischen Facetten schmälerten jedoch nicht Chávez' Rückhalt in der Bevölkerung. Er wurde viermal mit deutlichem Vorsprung zum Präsidenten gewählt. Allerdings deuteten die letzten Jahre seiner Amtsführung, die bereits unter dem Schatten seiner Krebserkrankung standen, auf zunehmende wirtschaftliche Verwerfungen, etwa in Form von Versorgungsengpässen, hin. Sein Nachfolger, Nicolás Maduro, der bei Weitem nicht über ein Charisma wie Chávez verfügt, sah sich massiven zivilgesellschaftlichen Protesten ausgesetzt, nicht zuletzt aufgrund schwerer ökonomischer Probleme.

2.3 Die drei Wellen des Populismus in Westeuropa

Der linke Populismus in Südamerika zeichnet sich durch vier Merkmale aus: eine starke Personalisierung mit plebiszitären Elementen, die Mobilisierung vornehmlich städtischer Schichten, ein hohes inklusives Potenzial sowie eine staatszentrierte Umverteilungspolitik, die den Protest der Verteidiger einer liberalen Wirtschaftspolitik hervorruft. Der Populismus in Westeuropa unterscheidet sich in nahezu allen Aspekten davon. Lediglich die Personalisierung und die Kritik der repräsentativen Formen der Demokratie finden sich auch hier. Doch wie in Südamerika zeigt sich der Populismus in Westeuropa ebenfalls in verschiedenen Wellen und Ausprägungen. Die erste Welle war geprägt durch die Steuerprotestparteien, die zunächst in den 1950er Jahren in Frankreich und dann in den 1970er Jahren in

Skandinavien die politische Bühne betraten. Die zweite Welle eines neoliberal orientierten Rechtspopulismus, die sich nahezu über ganz Westeuropa ausbreitete, setzte Ende der 1980er Jahre ein und ging spätestens mit dem Ausbruch der Finanzkrise im Jahr 2008 in eine dritte Welle über. Sie zeichnet sich nicht nur durch den wachsenden Erfolg rechtspopulistischer Parteien, sondern auch durch eine immer deutlicher hervortretende sozialprotektionistische Agenda aus.

Am Anfang der ersten Welle stand der Poujadismus in Frankreich, benannt nach Pierre Poujade, einem Papierwarenhändler aus Südwestfrankreich.[11] Der Poujadismus markiert vielleicht die erste klassische Episode des Populismus in Europa, wenn man ihn nicht, wie den Faschismus, als eine antidemokratische Kraft, sondern als einen innerhalb demokratischer Strukturen verbleibenden Protest begreift.[12] Er entzündete sich im Jahr 1953 als Protest gegen das Bestreben der französischen Zentralregierung, die Steuerbasis von Kleinbetrieben genauer zu erfassen, weitete sich aber schnell zu einer Bewegung aus und wandte sich gegen die Pariser Eliten und deren sozialtechnokratische Agenda, die Poujade als illegitimen Eingriff in die »Rechte des Volkes« ablehnte. 1955 gründete Poujade die UDCA (*l'Union de défense des commerçants et artisans* – Union zur Verteidigung der Händler und Handwerker), die bei den Wahlen zur Nationalversammlung auf Anhieb 11,2 Prozent und damit 52 Abgeordnetensitze gewann. Zu ihnen zählte auch Jean-Marie Le Pen, der spätere Gründer des Front National. Allerdings wäre es irreführend, den Poujadismus, trotz seiner antisemitischen Tendenzen, als eindeutig rechtspopulistisch zu kennzeichnen. In ihm verkörperte sich vielmehr ein Populismus der Mitte, der sich auf die Angehörigen des »Volkes« berief, zu denen von Poujade Bauern, Handwerker und Kleinunternehmer, zum Teil auch Arbeiter gezählt wurden, soweit sie nicht kommunistisch organisiert waren. »Volk«

wurde primär politisch und sozial, nicht ethnisch verstanden. Als Gegner des »Volkes« galten Poujade und seinen Anhängern in erster Linie die Staatsbediensteten, aber auch die großen Unternehmen sowie die Intellektuellen. Während Erstere verdächtigt wurden, mit immer neuen Vorschriften und Steuern die freie Entfaltung der Kleinunternehmer einzuschränken, wurden die neu entstandenen Supermärkte und Kaufhäuser von Kleinunternehmern als massive Existenzbedrohung wahrgenommen. Die Intellektuellen und liberalen Eliten in Paris schließlich machten sich, so sahen es die Poujadisten, über den Provinzialismus der »kleinen Leute« lustig und verletzten deren Würde.

Der Poujadismus reagierte mithin auf einen sozialen Wandel, der der traditionellen Lebenswelt vieler Menschen den Boden entzog. Hier zeigen sich deutliche Parallelen zum Protest der US-amerikanischen Kleinfarmer. Allerdings richtete sich der Poujadismus gleichermaßen gegen kapitalstarke Akteure und den Zentralstaat, wohingegen die People's Party den Staat gegen das Kapital mobilisieren wollte.

Die Kritik an einem vermeintlich überbordenden Staat war auch wesentlich für die Steuerprotestparteien in Dänemark und Norwegen, die sich Mitte der 1970er Jahre etablierten. Die dänische Fortschrittspartei (*Fremskridtspartiet*) wurde 1972 von Mogens Glistrup gegründet. Glistrup war Rechtsanwalt und Lektor für Steuerrecht und hatte ein über tausendseitiges Buch mit Tricks zur Steuervermeidung verfasst. 1971 hatte er zudem in einem viel beachteten Interview verkündet, keine Einkommenssteuern zu zahlen – in dem sozialdemokratischen Wohlfahrtsstaat Dänemarks keine geringe Provokation. Bei den Wahlen zum dänischen Parlament, dem Folketing, erhielt die Fortschrittspartei 1973 auf Anhieb 15,9 Prozent. Die Fortschrittspartei gehörte dem Folketing bis 1999 an, hatte aber schon vor ihrem Ausscheiden länger Auflösungserscheinungen gezeigt. Große Teile von ihr gingen in der 1995 gegründeten Dänischen Volkspartei (*Dansk Folkeparti*) auf. In den Anfangsjahren war die Fortschrittspartei ganz auf Glistrup zentriert, der eine libertäre Agenda verfolgte. Zu den wesentlichen Programmpunkten zählten die Abschaffung der Einkommensteuer, der Abbau der staatlichen Bürokratie und eine Vereinfachung des Gesetzgebungsprozesses sowie die Verkleinerung des Parlaments und eine einjährige Amtsperiode. Hinzu kamen skurrile Forderungen wie die Bereitstellung von Hafergrütze-Automaten zur Versorgung von Sozialhilfeempfängern (vgl. Wirries 2015: 135). Glistrup, der einen strikten Oppositionskurs verfolgte, verlor jedoch kontinuierlich an Einfluss auf die Fortschrittspartei, wozu auch der Antritt einer Haftstrafe im Jahr 1983 wegen Steuerhinterziehung beitrug. Seine Nachfolgerin als Gesicht der Fortschrittspartei wurde Pia Kjærsgaard, die nach wiederholten Auseinandersetzungen mit Glistrup schließlich zusammen mit anderen moderaten Parteimitgliedern die Dänische Volkspartei gründete. Die Fortschrittspartei versank daraufhin in der Bedeutungslosigkeit.

Dieses Schicksal blieb der norwegischen Fortschrittspartei (*Fremskrittspartiet*) erspart. Die Fortschrittspartei ging aus der ursprünglich in Anlehnung an das dänische Pendant gegründeten Anders Langes Partei für die starke Absenkung von Steuern, Abgaben und öffentlichen Eingriffen, kurz ALP, hervor. Nach dem plötzlichen Tod des Namenspatrons übernahm Carl Ivar Hagen die Partei und gab ihr den Namen »Fortschrittspartei«. Hagen führte die Partei autoritär und vertrat ebenfalls eine wirtschaftsliberale bis libertäre Agenda, die seit den 1980er Jahren durch eine europa- und einwanderungsfeindliche Haltung ergänzt wurde. Die Erfolge waren zunächst bescheiden, erst bei den Parlamentswahlen von 1989 konnte die Partei ein zweistelliges Ergebnis erzielen. Bei den Wahlen im Jahr 2009 erhielt sie 22,9 Prozent, fiel 2013 jedoch auf 16,3 und 2017 auf 15,2 Prozent zurück.

Die norwegische Fortschrittspartei steht mit ihrer Mischung aus einer libertär-liberalen wirtschaftspolitischen Programmatik einerseits und der Kritik an einer als zu liberal empfundenen Einwanderungspolitik andererseits geradezu paradigmatisch für jene Parteien, die während der zweiten Welle das Gesicht des westeuropäischen Populismus bestimmten. Diese Parteien waren überwiegend rechtspopulistisch und zeichneten sich durch eine besondere »winning formula« (Kitschelt 1995) aus: die Kombination einer neoliberalen Wirtschaftspolitik mit einer autoritären Kulturpolitik im Sinne der Orientierung an traditionellen Familienwerten und der Verteidigung einer »anständigen« Lebensweise. Hinzu traten ein mehr oder weniger starker Nationalismus sowie fremdenfeindliche Elemente bis hin zum Rassismus und Antisemitismus. Diese Merkmale ließen sich in den 1980er und 1990er Jahren nicht nur bei der Norwegischen Fortschrittspartei, sondern auch bei der Schweizerischen Volkspartei (SVP), der Freiheitlichen Partei Österreichs (FPÖ), dem französischen Front National, dem belgischen Vlaams Blok sowie der italienischen Lega Nord beobachten. So trat etwa der Vlaams Blok nicht nur für die Unabhängigkeit Flanderns und eine deutliche Begrenzung der Zuwanderung, sondern auch für eine kapitalgedeckte und damit privatisierte Rentenversicherung, einen einstufigen Steuertarif (*flat tax*) sowie für die Privatisierung von Staatsbetrieben ein – drei Kernforderungen des Neoliberalismus. Ganz ähnlich ist – übrigens bis heute – die Programmatik der Schweizerischen Volkspartei ausgerichtet: Sie reicht von einer Kritik an der vermeintlichen Überfremdung sowie an der Fremdbestimmung durch die Europäische Union bis hin zu einer angebotsorientierten Wirtschaftspolitik und der Forderung nach Steuersenkungen und Privatisierungen. Hinzu kommen ein dezidiert konservatives Familienbild und eine Kritik an Programmen zur Frauenförderung oder zum Gender Mainstreaming.

Gleiches galt für die frühe Phase des Front National, der ebenfalls zunächst eine dezidiert neoliberale Wirtschaftspolitik mit einem traditionalistischen Gesellschaftsbild kombinierte. Unter der Führung von Jean-Marie Le Pen traten noch ein stark ausgeprägter Nationalismus und Antisemitismus hinzu, der bis zur Leugnung des Holocausts reichte. Das hat sich, wie wir sogleich sehen werden, jedoch inzwischen verändert. Seit 2018 trägt die Partei auch einen neuen Namen. Sie heißt nun Nationale Sammlungsbewegung (*Rassemblement National*).

Auch die Freiheitliche Partei Österreichs unter Jörg Haider, der 1986 zum Vorsitzenden gewählt wurde, vertrat zunächst eine dezidiert liberale Wirtschaftspolitik, darüber hinaus wandte sie sich gegen das österreichische Proporzsystem. Zudem verharmloste Haider die österreichische Vergangenheit während der Nazidiktatur. Allerdings zeigte sich in Österreich schon relativ früh, nämlich gegen Ende der 1980er Jahre, dass ehemalige Wähler der Sozialdemokratie »dazu übergingen, ihre Stimme den Freiheitlichen zu geben« (Heinisch/Hauser 2015: 96). Das war zum einen der Entwicklung der österreichischen Sozialdemokratie, zum anderen aber auch den Besonderheiten des österreichischen Konkordanzsystems, also der starken Kooperation der beiden Volksparteien geschuldet. Der österreichische Fall führt besonders anschaulich vor Augen, dass bei der Betrachtung der Entwicklung des Populismus immer auf die nationalen Pfadabhängigkeiten wie politische Kultur, Wahlsystem sowie wirtschaftliche Leistungsfähigkeit, aber auch auf die jeweiligen Hauptakteure zu achten ist.[13] Das macht es sehr schwierig, generelle Aussagen über *den* Populismus in Westeuropa (oder gar darüber hinaus) zu treffen. Gleichwohl lassen sich in jüngerer Zeit zumindest zwei Entwicklungen beobachten, die in mehreren westeuropäischen Ländern die rechtspopulistischen Parteien charakterisieren, wenn auch in unterschiedlichem Ausmaß und

Tempo. Zum einen handelt es sich darum, dass sich die Wählerbasis verändert hat. Zum anderen lässt sich zumindest in der politischen Rhetorik das Bemühen um Mäßigung beobachten. Offen rassistische oder antisemitische Äußerungen werden innerparteilich immer weniger geduldet. Beide Veränderungen geben Anlass, von einer dritten Welle zu sprechen, wobei die Wellenmetaphorik auch darauf hindeuten soll, dass die Zustimmung zu den Rechtspopulisten an den Urnen insgesamt nochmals gewachsen ist – und das auch in Ländern wie in Deutschland und Großbritannien, in denen bis vor wenigen Jahren rechtspopulistische Parteien kaum Erfolge verzeichnen konnten.[14]

Die Wählerbasis der Rechtspopulisten rekrutierte sich zunächst vornehmlich aus jenen kleinbürgerlichen Schichten, die auch der Poujadismus mobilisieren konnte. Doch kamen mit ehemaligen sozialdemokratischen und kommunistischen Wählern immer mehr Menschen hinzu, die sich, so meinen viele sozialwissenschaftliche Beobachter, von der neoliberalen Wirtschaftsprogrammatik dieser rechtspopulistischen Parteien eigentlich gar nicht angesprochen gefühlt haben dürften. So hat dann auch die Frage, warum Arbeiter Parteien mit einer neoliberalen Agenda wählen und damit ihre vermeintlich objektiven Interessen ignorierten, zu zahlreichen politikwissenschaftlichen Abhandlungen geführt. Die überzeugendste Erklärung hierfür besteht darin, dass viele von ihnen eben beides sind: wirtschaftspolitisch links und kulturpolitisch autoritär-traditionalistisch. In dem Moment, wo kommunistische Parteien von der Bildfläche verschwunden sind und sozialdemokratische Parteien sich nicht nur kulturell stark liberalisieren, sondern auch eine abgefederte neoliberale Agenda verfolgen, bleiben nur noch die Rechtspopulisten übrig; denn zumindest auf der kulturellen Ebene entsprechen sie den Werten linksautoritärer Wähler (Kriesi et al. 2006). Einige Rechtspopulisten reagieren mittlerweile freilich auch auf die ökonomischen Wünsche ihrer neuen Wähler. Sie verändern ihre wirtschaftspolitischen Positionen hin zu einer stärker sozialprotektionistischen Programmatik, wenn auch nicht alle und auch nicht im gleichen Umfang.

Bei der FPÖ und der niederländischen Partei für die Freiheit (*Partij voor de Vrijheid*, PVV) schwankt die wirtschaftspolitische Programmatik zwischen der Verteidigung des Sozialstaats und Forderungen nach Steuererleichterungen. Deutlicher fällt demgegenüber die Entwicklung in Dänemark, Frankreich und Finnland aus. Clemens Wirries (2015) charakterisiert den typischen Wähler der Dänischen Volkspartei als einen Arbeiter oder Handwerker, der jenen Branchen entstammt, welche durch die Globalisierung unter Druck geraten sind. Auch überproportional viele Erwerbslose oder sonstige Bezieher von Sozialleistungen finden sich unter ihnen. Sie verfügen über niedrigere Bildungsabschlüsse, sind überdurchschnittlich alt und leben in den Vorstädten der Metropolen oder auf dem Land, jedoch nicht in den urbanen Zentren. Programmatisch hat die Dänische Volkspartei eine Kehrtwendung vom Wirtschaftsliberalismus hin zum Sozialprotektionismus vollzogen, womit sie den Interessen des Großteils ihrer Wähler entspricht, nämlich alten Menschen und sozial Schwachen. Gleiches gilt für Die Finnen (*Perussuomalaiset*), die ebenfalls für einen Ausbau des Sozialstaats und höhere Besteuerungen eintreten. Doch vor allem der Front National hat sich in den vergangenen Jahren in wirtschaftlichen Fragen immer stärker sozialdemokratischen Positionen der 1970er Jahre angenähert. Zu den wirtschaftspolitischen Kernforderungen des Front National, seit 2018 Rassemblement National, gehören die Rückkehr zu einer keynesianistischen Nachfragepolitik sowie die Forderung nach einer nationalen Orientierung der Wirtschaftspolitik zum Schutz französischer Arbeiter.

Anders sieht es dagegen bei der norwegischen Fortschrittspartei aus. Sie wird von Kjetil Jakobsen zwar ebenfalls als »Arbeiterpartei« charakterisiert (Jakobsen 2015: 157). Jakobsen betont jedoch auch, dass es sich bei diesen Arbeitern nicht nur um »Modernisierungsverlierer« handelt, denn auch als Arbeiter ist man in Norwegen vergleichsweise gut gestellt. Vor diesem Hintergrund ist es wenig verwunderlich, dass die Fortschrittspartei neben einer Kritik der Einwanderungspolitik und einem gewissen Wohlfahrtsnationalismus auch wirtschaftsliberale Positionen vertritt, etwa die Forderung nach deutlichen Steuererleichterungen. Anders wiederum in der Schweiz: Unter den Wählern der Schweizer Volkspartei finden sich viele schlecht ausgebildete Arbeiter, überproportional sind aber auch Landwirte und Kleinunternehmer vertreten. Die SVP vertritt in wirtschaftlichen Fragen ebenfalls liberale Positionen, allerdings kombiniert sie diese mit der Forderung nach einer rigiden Einwanderungspolitik.

Mit Blick auf die Entradikalisierung lässt sich vor allem beim Front National eine eindeutige Entwicklung von einer rechtsradikalen, antisemitischen zu einer rechtspopulistischen Partei beobachten. Marine Le Pen hat öffentlichkeitswirksam mit dem Antisemitismus ihres Vaters gebrochen, sie vermeidet rassistische wie revisionistische Aussagen und setzt sich für Laizität ein, wobei sich letztere Position vornehmlich gegen eine vermeintliche Islamisierung Frankreichs und gegen muslimische Einwanderer richtet. Eine ganz ähnliche Tendenz lässt sich auch bei der FPÖ oder auch bei den Schwedendemokraten (*Sverigedemokraterna*) beobachten. Nicht ganz ins Bild passen Die Finnen, die sich in den letzten zehn Jahren ideologisch eher radikalisiert haben, und zwar insbesondere hinsichtlich der Ablehnung kosmopolitischer Werte und der Europäischen Union, was freilich ihre Regierungsbeteiligung nicht ausgeschlossen hat. Davon unterscheidet sich wiederum die norwegische Fortschrittspartei, die von vornherein eher gemäßigt aufgetreten ist. Zwar hat sich die Fortschrittspartei bereits seit den späten 1980er Jahren für eine Begrenzung der Einwanderung eingesetzt, sie distanziert sich aber von einem offenen Rassismus und tritt in Wertfragen liberal auf. Eine vergleichsweise liberale Haltung in Wertfragen war von Anfang an Teil des niederländischen Populismus, so zuerst bei Pim Fortuyn und gegenwärtig bei Geert Wilders. Zugleich findet man bei Wilders eine deutliche Kritik am Islam und in jüngster Zeit auch eine Distanzierung von der Europäischen Union, die bis hin zur Forderung eines Austritts der Niederlande reicht.

Der Rechtspopulismus in West- und Nordeuropa tritt mithin nicht (mehr) offen rassistisch oder antisemitisch auf; aber er hat seine Anti-Islam- und Anti-EU-Rhetorik verschärft. Seine Haltung zu Fragen der geschlechtlichen Identität und zu traditionellen Familienwerten variiert hingegen je nach Land. Das Spektrum der Positionen reicht von einer offenen Bejahung homosexueller Lebensentwürfe in den Niederlanden bis hin zu einer starken Orientierung an traditionellen Familienwerten, etwa bei Den Finnen. Wirtschaftspolitisch ist es in vielen Ländern zu einer Abwendung von ehemals neoliberalen Positionen gekommen. Vielmehr wird nun eine sozialprotektionistische, globalisierungskritische Agenda verfolgt, die mit einer scharfen Kritik an der Europäischen Union verbunden ist. Beide Entwicklungen, die, wie gesagt, immer auch vor dem Hintergrund nationaler Pfadabhängigkeiten betrachtet werden müssen, scheinen zusammen die neue »winning formula« des Rechtspopulismus auszumachen. Wenn auch die Wahlergebnisse zwischen den einzelnen Ländern wegen der nationalen Pfadabhängigkeiten schwanken,[15] lässt sich doch seit dem Ausbruch der Finanzkrise für die meisten rechtspopulistischen Parteien in West- und Nordeuropa ein Anstieg in der Wählergunst feststellen (vgl. Kriesi/Pappas 2015). Allerdings muss betont werden, dass die seit 2008 virulente Krise des Euroraums, die in Italien, Griechenland und auch in Frankreich zu erheblichen politischen Erschütterungen geführt hat, nicht ursächlich für die gegenwärtige Konjunktur des Populismus in Europa ist. Schon seit den 1980er Jahren lässt sich ein deutlicher Zugewinn populistischer Kräfte beobachten. Und auch hier zeigt sich, dass es vor allem gesellschaftliche Umbrüche gewesen sind, die eine Spaltung von »Modernisierungsgewinnern« und »Modernisierungsverlierern« zur Folge hatten. Diese Umbrüche sind unter den Schlagwörtern eines Wandels von der Industrie- zur Dienstleistungsgesellschaft, der Globalisierung, der Beschleunigung sowie zuletzt der Digitalisierung vielfach beschrieben worden. Darauf werden wir im vierten Kapitel bei der Diskussion modernisierungstheoretischer Erklärungsansätze zurückkommen. An dieser Stelle bleibt festzuhalten, dass sich rechtspopulistische Parteien in West- und Nordeuropa in den vergangenen beiden Jahrzehnten stark gewandelt haben. Und zwar erstens mit Blick auf ihre Unterstützer: Sie wurden zuvor vornehmlich von Kleinunternehmern und mittleren Angestellten gewählt, in jüngerer Zeit konnten sie ihre soziale Basis aber ausweiten. Zweitens hatte das programmatische Folgen. Viele rechtspopulistische Parteien vertreten inzwischen nahezu klassisch anmutende sozialdemokratische Positionen, wenn auch mit einer stark wohlfahrtsnationalistischen Note.

Und die Alternative für Deutschland (AfD)? Sie stellt nicht zuletzt aufgrund ihrer noch relativ jungen Geschichte einen Sonderfall dar. Zwar wird auch sie inzwischen mehrheitlich von Arbeitern gewählt. Hinzu kommen aber auch viele bürgerliche Wähler, die sich entweder von der CDU nicht mehr vertreten fühlen oder sich aufgrund spezifisch ostdeutscher Wendeerfahrungen in den etablierten Parteien nicht wiederfinden.[16] Wichtig ist auch zu beachten, dass die AfD wesentlich von angebotsorientierten Ökonomieprofessoren gegründet wurde, woraus sich naturgemäß eine eher neoliberale Agenda ergibt. Auch kann von einer Entradikalisierung nicht die Rede sein. Gegenwärtig (im Frühjahr 2020) tobt in der AfD ein heftiger Flügelstreit und es bleibt abzuwarten, auf welchen Pfad sie sich in Zukunft begeben wird.

Unter den politischen Parteien, die von Politikwissenschaftlern und auch in der breiteren Öffentlichkeit als »populistisch« bezeichnet werden, befinden sich in Europa jedoch nicht nur solche mit einer mehr oder minder fremdenfeindlichen Ausrichtung. Vor allem in Südeuropa existiert auch eine linke Form des Populismus. Diese zeichnet sich durch eine deutliche Kritik an der politischen Elite, den als neoliberal bewerteten Strukturen der Europäischen Union und nicht zuletzt an der Austeritätspolitik aus – jedoch nicht durch fremdenfeindliche Motive. Der Rechtspopulismus ist mit seiner doppelten Kritik nach oben (»die Elite«, »das liberale Establishment«) und nach unten bzw. außen (»die Immigranten«, »der Islam«) durch eine triadische Struktur gekennzeichnet. Der Linkspopulismus besitzt demgegenüber eine dyadische Struktur. Er kommt von unten und aus der Mitte und richtet sich gegen oben (»die Elite«, »das Establishment«, »die oberen 10000«). Einwanderer oder Minderheiten wertet er jedoch nicht ab (vgl. Judis 2016: 15). Eine Differenz ist zudem, dass der Rechtspopulismus in Westeuropa häufig direktdemokratische Ergänzungen zur repräsentativen Demokratie oder eine plebiszitäre Demokratie fordert. Beides hat jedoch nicht den Zweck, sämtliche gesellschaftliche Hierarchien grundsätzlich herauszufordern. Der Linkspopulismus in Europa und den USA hingegen propagiert zumeist basisdemokratische Politikmodelle, die gesellschaftliche Hierarchien abbauen sollen; allerdings kommen auch linkspopulistische Parteien nicht ohne Führungsfiguren aus.

Geradezu paradigmatisch ist das in Spanien mit Podemos (*Wir können*) der Fall, deren Erscheinungsbild stark durch Pablo

Iglesias Turrión, einen promovierten Politikwissenschaftler, geprägt ist. Podemos ist aus einer zivilgesellschaftlichen Protestbewegung der Jahre 2011/2012 hervorgegangen, hatte bei den Parlamentswahlen im Dezember 2015 aus dem Stand 20,7 Prozent der Stimmen erreicht und wurde damit drittstärkste Partei. Bei den letzten Wahlen im Herbst 2019 erreichte Podemos jedoch nur noch 12,9 Prozent und fiel auf den vierten Platz zurück. An dritter Stelle ist jetzt die 2013 gegründete nationalpopulistische Vox Partei getreten. Als populistisch ist sie deswegen einzustufen, weil sie nicht nur beansprucht, die Interessen der »einfachen Menschen« zu vertreten, sondern dies auch mit einer scharfen Rhetorik gegen die Eliten (*la casta*) verbindet und die beiden etablierten politischen Lager der konservativen Partido Popular und der sozialdemokratischen Partido Socialista Obrero Español (PSOE) als elitär angriff. Seit Januar 2020 bildet Podemos zusammen mit der PSIOE eine Regierungskoalition. Hervorzuheben ist zudem, dass sich Turrión des Öfteren auf Ernesto Laclau und Chantal Mouffe berufen hat, auf deren dezidierte linke Populismuskonzeption wir weiter unten noch ausführlicher eingehen werden.

Spanien stellte lange Zeit zusammen mit Portugal einen Sonderfall in Europa dar, da es dort zu keinem nennenswerten Rechtspopulismus gekommen ist, und das, obwohl beide Länder besonders stark unter den Folgen der Finanzmarktkrise seit 2008 leiden.[17] Eine Erklärung hierfür ist, dass die Erfahrungen mit den Diktaturen unter Francisco Franco (bis 1975 in Spanien) bzw. António de Oliveira Salazar (bis 1968 in Portugal) noch erheblich nachwirken und die politische Kultur beider Länder dem Rechtspopulismus entgegensteht. Zumindest mit Blick auf Spanien hat sich dies durch die jüngsten Erfolge der erwähnten Vox Partei inzwischen geändert.

Die griechische Synaspismos Rizospastikis Aristeras (Syriza, *Koalition der radikalen Linken*) wird ebenfalls als linkspopulistisch bezeichnet. Seit 2015 führt sie eine Koalitionsregierung mit der als rechtspopulistisch eingestuften ANEL Partei. Syriza trat 2004 zunächst als Wahlbündnis linker und postkommunistischer Parteien in Erscheinung und wurde 2012 im Angesicht der massiven Schuldenkrise Griechenlands als Partei gegründet. Syriza stand zunächst für eine radikale Kritik der von der Troika (ein Zusammenschluss von Vertretern der Europäischen Zentralbank, der Europäischen Kommission und des Internationalen Währungsfonds) in Reaktion auf die massive Staatsverschuldung betriebenen Austeritätspolitik, die unter anderem Rentenkürzungen und Privatisierungen vorsah. Sie stellte eine Protestpartei dar, die sich gegen die etablierten Parteien wandte, welchen sie einen Ausverkauf Griechenlands vorwarf. Vor allem der charismatische Alexis Tsipras polarisierte. Er forderte einen Schuldenschnitt sowie den Verzicht auf weitere Sparmaßnahmen. Als Ministerpräsident konnte er diese Forderungen jedoch nicht umsetzen. Vielmehr musste Tsipras nach dramatischen Verhandlungen mit den Kreditgebern im Sommer 2015 letztlich den Großteil der geforderten Sparauflagen akzeptieren. In der Folge ist es zur Abspaltung des linken Parteiflügels gekommen, zudem hat Syriza hat stark an Popularität verloren. Bei den letzten Wahlen im Juli 2019 erreichte Syriza bei einem Verlust von vier Prozent nur noch den zweiten Platz und musste in die Opposition gehen. Eine von einer linkspopulistischen Partei geführte Regierung stößt im Euroraum offensichtlich an Grenzen.

Bisweilen wird auch der italienische Movimento Cinque Stelle (M5S, *Fünf-Sterne-Bewegung*) zu den linkspopulistischen Parteien gezählt. Dabei trat der Populismus in Italien zunächst in rechter Form auf. So gibt es mit der Lega Nord per l'indipendenza della Padania (*Liga Nord für die Unabhängigkeit Padaniens*) bereits seit den 1990er Jahren eine Partei, die als rechtspopulistisch und neoliberal zu klassifizieren ist. Die von Silvio Berlusconis Forza Italia (ab 2009 Popolo della Libertà (PdL)) geführte Regierungskoalition mit der Lega Nord hatte zunächst tatsächlich eine eher neoliberale Agenda verfolgt, weitete aber infolge der großen Wirtschaftskrise seit 2008 die staatlichen Subventionen von Arbeitsplätzen stark aus. Die damit verbundene Belastung des Staatshaushalts sowie die Weigerung Berlusconis, einen radikalen Sparkurs zu verfolgen, führten zu der Finanzierungskrise im Jahr 2011, dem Sturz der Regierung und schließlich der Einsetzung einer Technokratenregierung unter der Leitung von Mario Monti. Diese konnte sich bei den Wahlen 2013 jedoch nicht behaupten, stattdessen kam mit dem von Beppo Grillo geführten Movimento Cinque Stelle ein weiterer populistischer Akteur ins Spiel. Entscheidend dafür war nicht zuletzt eine rapide zunehmende Unzufriedenheit mit dem politischen Status quo. Diese auch im europäischen Vergleich sehr hohe Ablehnung der »politischen Klasse«, die inzwischen einen wesentlichen Bestandteil der politischen Kultur darstellt, erklärt sich zu großen Teilen aus einer ganzen Reihe von Skandalen, die Italien seit den 1980er Jahren heimsuchten, und einer notorischen Zerrissenheit gerade auch des linken politischen Lagers (vgl. Anderson 2015). Bei den letzten Wahlen im März 2018 wurde M5S mit knapp 33 Prozent stärkste Partei und ging erstmals eine von ihr geführte Regierungskoalition ein, und zwar zusammen mit der rechtspopulistischen Lega. Doch das Zusammengehen mit der Lega bekam M5S nicht gut; sie verlor deutlich in der Wählergunst und erreichte bei den Europawahlen im Juni 2019 nur knapp 23 Prozent. Nach einem von Matteo Salvini, dem Vorsitzenden der Lega, provozierten Koalitionsbruch ist M5S eine Regierungskoalition mit der vorher verhassten sozialdemokratischen Partito Democratico eingegangen. Doch auch das hat die M5S bislang nicht zu einem deutlichen Anstieg in den Umfragen geführt, ganz im Gegenteil. In Italien zeigt sich mithin eine ähnliche Entwicklung wie in Griechenland. Linkspopulistische Parteien verlieren, wenn sie die Oppositionsbänke verlassen.

Der Movimento Cinque Stelle stellt eine fast schon klassische Antiparteien-Partei dar und er lässt sich ideologisch nicht eindeutig als rechts oder links einstufen. Was ihn in besonderer Weise auszeichnet, ist dagegen eine neue Form der politischen Mobilisierung. Er betreibt einen »ultramodernen Webpopulismus« (de Saint Victor 2015: 44). Dieser »virtuelle Populismus« ist nicht nationalistisch; er richtet sich aber gegen die etablierten Institutionen der parlamentarischen Demokratie und will diese durch internetbasierte Formen digitaler Willensbildung ersetzen. Getragen wird er durch die »neuen Subalternen« (ebd.: 36). Dabei handelt es sich vornehmlich um gut gebildete junge Erwachsene, die jedoch Schwierigkeiten haben, ökonomisch selbständig zu werden, und sich vornehmlich digital vernetzen. Der Movimento Cinque Stelle weist daher eine Ähnlichkeit mit der deutschen Piratenpartei auf, und zwar erstens hinsichtlich der sozialen Zusammensetzung seiner Mitglieder und Unterstützer, zweitens mit Blick auf seine Politikformen und drittens in Fragen seiner ideologischen Ausrichtung, die mehr Demokratie und Transparenz zum Ziel hat, aber eben nicht eindeutig links oder rechts einzuordnen ist. Einen bedeutsamen Unterschied zur deutschen Piratenpartei gibt es jedoch: Im Movimento Cinque Stelle nimmt der Gründer Beppe Grillo eine Führungsposition ein, die über zentrale Entscheidungskompetenzen verfügt.

Die Schwierigkeit, den Populismus eindeutig zwischen links und rechts zu verorten, trifft auch auf den osteuropäischen Populismus zu. In Osteuropa sind seit vielen Jahren in nahezu allen Ländern populistische Parteien erfolgreich. Das hat viel mit den spezifischen Erfahrungen des Transformationsprozesses seit 1989 zu tun (vgl. Ther 2014). Ein besonderes Charakteristikum dieses Prozesses ist, dass sich dort bis heute kein wirklich stabiles Parteiensystem entwickeln konnte und es auch vergleichsweise häufig zur Abwahl von Regierungen kommt. Ein weiteres Merkmal ist eine im Durchschnitt erheblich niedrigere Wahlbeteiligung als in den Staaten Westeuropas. Auch sind die postkommunistischen Länder größtenteils von erheblicher Armut und einem sehr starken Stadt-Land-Gefälle geprägt. Von der neoliberalen Schocktherapie der 1990er Jahre haben nur wenige profitiert. Weiterhin werden viele osteuropäische Staaten von einer geradezu endemischen Korruption geplagt. Allerdings muss auch erwähnt werden, dass zumindest im Westen Osteuropas eine neue, größtenteils urbane Mittelschicht entstanden ist.

In jüngerer Zeit sind insbesondere Polen und Ungarn in den Fokus der europäischen Öffentlichkeit gerückt. Auf der einen Seite ist das Bild in beiden Ländern eindeutig. Seit 2010 stellen mit Magyar Polgári Szövetség (*Ungarischer Bürgerbund*) in Ungarn und seit 2015 mit Prawo i Sprawiedliwość (PiS, *Recht und Gerechtigkeit*) in Polen rechtsnationale Parteien die Regierung. Und in beiden Ländern lässt sich seit ihrem Regierungsantritt ein erheblicher Eingriff in liberale Grundprinzipien – etwa durch die Beschränkung der Pressefreiheit oder die Aushebelung der Gewaltenteilung – beobachten, kombiniert mit einer nationalistischen Programmatik und der Verteidigung traditioneller Familienwerte. Auch in der sogenannten Flüchtlingskrise stimmten beide Regierungen in ihrer strikten Antimigrationspolitik und einer antimuslimischen Rhetorik überein. Zugleich wetterten beide Parteien gegen eine vermeintliche Brüsseler Diktatur. Insofern bestätigen sie beide die Erwartungen an eine rechtspopulistische Regierung. Auf der anderen Seite steht dem jedoch in Ungarn eine zumindest ambivalente Wirtschaftspolitik gegenüber, die zwar einerseits durch die Einführung einer *flat tax* in Höhe von gegenwärtig 15 Prozent, andererseits aber auch durch die Verstaatlichung der Energiewirtschaft und des Rentensystems gekennzeichnet ist.

Die Fidesz-Regierung unter Victor Orbán verdankt ihren Aufstieg und ihre Wiederwahl in den Jahren 2014 und 2018 zum einen dem enormen Glaubwürdigkeitsverlust der sozialdemokratischen Vorgängerregierung, die nicht zuletzt unter dem Druck der Europäischen Kommission und nach der Finanzkrise im Jahr 2008 auch des Internationalen Weltwährungsfonds einen strikten Austeritätskurs verfolgte, der von der Wählerschaft größtenteils abgelehnt wurde. Zum anderen ist es gerade eine an den Interessen der mittleren Schichten orientierte Politik, etwa durch die Verminderung der gerade dort drückenden Schuldenlast in Kombination mit einer dezidiert produktivistischen wie nationalistischen Rhetorik, mit der Orbán seine Regierungsmacht zu stabilisieren versucht, bislang erfolgreich.[18]

Noch eindeutiger lässt sich die Kombination aus Antiliberalismus, konservativ-nationalistischer Kulturpolitik und einer traditionell sozialdemokratischen Sozial- und Wirtschaftspolitik in Polen beobachten. So ist es zu einer erheblichen Erhöhung des Kindergeldes und zu einer Wiederabsenkung des Renteneintrittsalters sowie zur höchsten Besteuerung der Bankenwirtschaft innerhalb der Europäischen Union gekommen. Dabei konnte die PiS bei den letzten Wahlen im Jahr 2019 sogar noch um sechs Prozent zulegen. Ihre Regierungsmacht hat ihr also ganz offensichtlich nicht geschadet. Gewählt wurde die mit absoluter Mehrheit regierende PiS vorwiegend von der Landbevölkerung und von Menschen, die in der Peripherie der großen Städte wohnen. Die Orientierung der Regierung an deren materiellen Interessen und Wertmustern erscheint aus liberaler Sicht sicherlich als problematisch, aus einer demokratietheoretischen Perspektive lässt sich das aber auch anders beurteilen. Auf die damit angesprochene Problematik eines normativen Maßstabs zur Beurteilung populistischer Phänomene werden wir im fünften Kapitel ausführlicher zu sprechen kommen.

Dieses Kapitel hat gezeigt, dass es nicht *den* Populismus gibt, sondern zum Teil sehr unterschiedliche Populismen. Das gilt selbst dann, wenn man sich auf jene Staaten beschränkt, denen gemeinhin ein umfassender demokratischer Charakter, nicht nur mit Blick auf die politischen Institutionen, attestiert wird. Das wirft zwei Fragen auf, die im Zentrum des folgenden Kapitels stehen: Wie verhalten sich Demokratie und Populismus zueinander, und gibt es aus sozialwissenschaftlicher Perspektive spezifische Eigenschaften von populistischen Parteien und Bewegungen, durch die diese sich von nicht-populistischen Parteien und Bewegungen trennscharf unterscheiden lassen?

3. Was ist Populismus?

Stellt das Volk – historisch etwa als »einfaches Volk«, als »Volk der Christenheit« oder als »dritter Stand« – eine tatsächliche oder potenzielle politische Kraft dar, können politische Akteure ihr Handeln mit Bezug auf das Volk rechtfertigen, sich als Sprachrohr des Volkes inszenieren oder den Schulterschluss mit dem Volk suchen. In diesem Sinne machte bereits die sogenannte Gruppe der Popularen im Senat der Römischen Republik populistische Politik, als sie die Unterstützung der Volkstribune und der Volksversammlungen zu erlangen suchte. Und auch die politischen Auseinandersetzungen in den italienischen Stadtrepubliken des 14. und 15. Jahrhunderts sowie in den griechischen Adelsstädten im 8. Jahrhundert vor Christus, in der Phase vor der Entstehung der attischen Demokratie, waren durch die – zumeist strategische – Einbeziehung des Volkes gekennzeichnet (Münkler 2011: 214–219).[19] Diese Einbeziehung oder Bezugnahme erfolgte jedoch nie in dem Sinne, dass der Wille des Volkes zur alleinigen Richtschnur politischen Handelns erklärt wurde. Es galt, das Volk als einen politischen Mitspieler – neben anderen – ins Spiel zu bringen und in eine bestimmte Richtung zu lenken sowie die Interessen und Ansprüche des Volkes zu berücksichtigen oder sie gegen die Interessen und Ansprüche anderer politischer Mächte wie etwa des Adels oder der Kirche abzuwägen.

Im Unterschied zu dieser populistischen Politik, die es in unterschiedlichen politischen Ordnungen gab und gibt, kann es Populismus hingegen nur in der Demokratie geben. Der Grund hierfür ist, dass nur in der Demokratie und im demokratischen Denken das Volk als alleinige oder zumindest primäre politische Legitimationsquelle gilt.[20] Einem populistischen Politiker in den Republiken in Rom oder Florenz oder in der parlamentarischen Monarchie Englands wäre es niemals eingefallen, die politische Ordnung allein auf das Volk gründen zu wollen oder das Volk zum normativ allein relevanten politischen Faktor zu erklären. In der Demokratie hingegen ist der Vorrang des Volkes das zentrale normative Prinzip. Der Populismus zeichnet sich dadurch aus, dass er die Geltung oder Verwirklichung dieses Prinzips einfordert und politisch auf eine bestimmte Art in Stellung bringt. Um den Populismus zu verstehen, ist deshalb zunächst ein Ausflug in die Ideengeschichte der Demokratie notwendig (vgl. Dunn 2006; Manin 2007; Saage 2005; Vorländer 2010).

3.1 Demokratie – Entwicklung und Prinzipien

Wie »Populismus« so ist auch »Demokratie« ein umstrittener Begriff, der während seiner Geschichte unterschiedliche Bedeutungen angenommen hat. Im Unterschied zum Begriff des Populismus, der politische Akteure, Praktiken und Ideen benennt, ist der Begriff der Demokratie allerdings vor allem ein Ordnungs- oder Regimebegriff, der eine Verfassungsform und ihre Institutionen bezeichnet.

Ideen- und regimegeschichtlich muss zunächst zwischen antiker und moderner Demokratie unterschieden werden. Die antike Demokratie, wie sie paradigmatisch in der demokratischen Polis Athens seit dem 5. Jahrhundert vor Christus realisiert oder besser gesagt: erfunden wurde, war durch eine direkte Beteiligung der Bürger an der Politik charakterisiert. In Athen herrschte das Volk, verstanden als Summe der Bürger, unmittelbar. Die Vergabe wichtiger Ämter in den Gerichten, in der Exekutive und der Verwaltung wurde per Los entschieden, und die Volksversammlung verfügte über eine kaum beschränkte Entscheidungsgewalt – auch wenn führende Politiker Athens wie der berühmte Perikles phasenweise einen beträchtlichen Einfluss auf die Volksversammlung ausübten.

Die institutionelle Ordnung Athens war insgesamt dadurch gekennzeichnet, dass in ihr nicht zwischen Gesellschaft und Politik im heutigen Sinne unterschieden wurde. Das aber ist für die moderne Demokratie gerade charakteristisch. Diese setzt die Trennung zwischen einer politisch dominanten Sphäre, die zumeist als »Staat« bezeichnet wird, und einer politisch passiven Sphäre, welche häufig als »Gesellschaft« firmiert, voraus.

Die Unterscheidung zwischen Staat und Gesellschaft ist älter als die moderne Demokratie. Sie setzt der Sache nach mit der Entstehung des neuzeitlichen Staates ein, der das »Monopol legitimer physischer Gewaltsamkeit« (Weber 1992: 6) in einem umgrenzten Territorium erfolgreich beanspruchen kann. Der neuzeitliche Staat zentralisiert und organisiert die vormals zerstreuten Gewaltmittel; er erhebt Steuern, beschäftigt Verwaltungspersonal, verfügt über eine Verwaltungsorganisation und unterwirft die Gesellschaft einer Vielzahl von Regulierungen. Mit anderen Worten: Der neuzeitliche Staat beansprucht Souveränität. Er ist die Instanz, die allgemeinverbindlich Fragen von öffentlichem Interesse beantwortet.

Bedeutsam für den Zusammenhang von Demokratie und Herrschaft ist, dass der neuzeitliche Staat nicht, wie es umgangssprachlich oftmals heißt, das »Gewaltmonopol hat«. Vielmehr beansprucht der Staat das Monopol *legitimer* physischer Gewaltsamkeit. Der Staat fordert für seine Herrschaft nicht nur faktische Geltung im Sinne von Fügsamkeit ein, sondern er beansprucht auch eine normative Geltung: Er erhebt Anspruch auf rechtmäßige, legitime Herrschaft. Eine wichtige Frage, die in der Neuzeit und während der Herausbildung des neuzeitlichen Staates deshalb immer stärker ins Bewusstsein drang, war die Frage, ob und wenn ja unter welchen Bedingungen dieser Anspruch zu Recht erhoben wurde.

Die Aufklärer zerrten die überlieferten Herrschaftsverhältnisse und Herrscher vor den »Richterstuhl der Vernunft« (Kant) und schwächten damit die alten Autoritäten. Nun musste Herrschaft mit Vernunftgründen gerechtfertigt werden, sie konnte nicht mehr – oder jedenfalls nicht mehr so leicht – im Rekurs auf fraglose Tradition, bloßen Zwang oder willkürliche Dogmen begründet werden. Sie musste rational begründete Prinzipien in Stellung bringen. Dies wurde besonders im Zuge der Revolutionen von 1776 und 1789 in Amerika und Frankreich dringlich, denn durch die Volkserhebungen wurde die Möglichkeit einer grundsätzlichen Umwälzung der Herrschaftsverhältnisse praktisch demonstriert. Herrschaft wurde als politisch veränderbar bewusst.

Vor diesem Hintergrund entstanden unterschiedliche Antworten auf die Fragen, wie und wann Herrschaft legitim ist, anhand von welchen Prinzipien sie kritisiert werden kann und wie sie institutionell (um-)gestaltet werden sollte. Während Theokraten die Herrschaft nur dann als gerechtfertigt ansahen, wenn diese auf heilige Texte oder göttlichen Auftrag zurückgeführt werden konnte, führten Konservative sie auf eine traditionale Überlieferung zurück, auf ein Immer-schon-so-gewesen-Sein. Aristokraten hielten nur eine Herrschaft der Besten für gerechtfertigt. Demgegenüber verneinten Anarchisten den Anspruch auf Herrschaft prinzipiell. Herrschaft könne niemals gerechtfertigt sein. Liberale wiederum begriffen die Herrschaft dann als legitim, wenn sie dem Schutz der natürlichen Rechte des Individuums diene. Republikaner hingegen sahen sie allein in der Selbstregierungspraxis einer Gemeinschaft von tugendhaften und hervorragenden Bürgern begründet.

Die demokratische Antwort auf die Frage bestand in der Bindung der Herrschaft an das Volk. Genau dies besagt das Prinzip der Volkssouveränität: Nur wenn das Volk die Herrschaft selbst ausübe oder aber wenn die Herrschaft auf seinen Willen zurückgeführt oder an seinen Willen gebunden werden könne, sei sie legitim. Die zentrale Frage der Demokratie in der Neuzeit ist deshalb, wie die Herrschaft so organisiert werden kann, dass sie diesem Kriterium genügt.

Der direkten Ausübung der Herrschaft durch das Volk sind im Zuge der Herausbildung von Territorialstaaten aufgrund der Großflächigkeit der politischen Räume, der großen Zahl der politischen Subjekte, der gesellschaftlichen Arbeitsteilung und der Angewiesenheit von Herrschaft auf Organisation enge Grenzen gesetzt worden. Realisierbarer ist unter diesen Bedingungen allein die Bindung an oder die Rückführung der Herrschaftsbefugnis auf eine Entscheidung des Volkes. Diese Lösung setzt bestimmte institutionelle Mittel, Verfahren und Praktiken voraus. Zu ihren wichtigsten gehören die Demokratisierung der parlamentarischen Repräsentation, die Wahl und Kontrolle von Trägern öffentlicher Amtsgewalt, die öffentliche Meinung und die direkte Partizipation, etwa in Volksabstimmungen.

Repräsentieren bedeutet, etwas Abwesendes anwesend zu machen und anstelle dieses Abwesenden zu handeln. Parlamente waren ursprünglich Standesvertretungen, die einen Teil der politischen Ordnung – bestimmte Glieder des politischen Körpers – repräsentierten. Im Zuge der neuzeitlichen Revolutionen wandelte sich dies. In der Französischen Revolution etwa erklärten sich die vormals lokal gebundenen und partikularen Repräsentanten der Parlamente zu Vertretern der gesamten Nation, d.h., sie beanspruchten, das Ganze der Gesellschaft zu repräsentieren, nicht nur einen Teil, und anstelle des Ganzen für das Ganze Gesetze zu erlassen. Parlamente wurden zu Institutionen, die nicht einer Logik der Differenz gehorchten, wie sie für das ständische Denken der vorrevolutionären Zeit charakteristisch war, sondern der Logik der Gleichheit.

Diese Gleichheit war stets, genau genommen bis heute, eine qualifizierte Gleichheit, d.h., nicht jeder hatte Anspruch auf Repräsentation oder die Wahl von Repräsentanten. Die Institution der Wahl von politischen Amtsträgern war ja, wie die Repräsentation auch, schon vor der Entstehung der modernen Demokratie bekannt, etwa in Form der Wahl des Papstes durch die Kardinäle oder von Königen durch die Vertreter der Stände. Bis in das 20. Jahrhundert war das Recht zur Wahl der Repräsentanten stark eingeschränkt. Im Zuge der Ausweitung des Wahlrechts auf alle volljährigen Bürger und Bürgerinnen hat sich die Logik der Gleichheit in den etablierten Demokratien mit Blick auf das Wahlverfahren durchgesetzt, so dass heute nicht nur Parlamente, sondern auch oberste Amtsträger, etwa Präsidenten oder Ministerpräsidenten, direkt oder vermittelt über Parteien, Parlamente bzw. Wahlgremien vom Volk gewählt werden. Allerdings werden in fast allen etablierten Demokratien die meisten Amtsträger nicht demokratisch bestimmt; viele von ihnen werden mittels Gremien ernannt oder durch bereits Amtierende kooptiert.

Repräsentation erzeugt demokratische Legitimität, wenn die Identitäten, Interessen, Ideen, Ansprüche und Konflikte der Staatsbürgerinnen und Staatsbürger durch die Repräsentanten mittels symbolischen Handelns in der Öffentlichkeit und in den Institutionen artikuliert und dargestellt, d.h. sichtbar gemacht werden. Repräsentanten müssen aber auch über die faktische

Durchsetzung von Interessen, Ideen und Ansprüchen entscheiden. Und für ihre (Nicht-)Entscheidungen und deren Folgen müssen sie Verantwortung übernehmen. Repräsentieren in diesem Sinne können nur Personen. Das sind in der modernen Demokratie zumeist Berufspolitiker, die als politische Klasse auch mehr oder minder genau identifizierbar sind.

Die Wahl von Repräsentanten und Trägern öffentlicher Gewalt erzeugt also demokratische Legitimität, wenn es deren Handeln an den Willen des Volkes rückbindet. Da die Wahlentscheidung nur selten ermöglicht wird und zudem die Institution des freien Mandats den Mandatsträgern einen relativ großen Spielraum gegenüber ihren Wählern einräumt, ist hiermit jedoch dem anspruchsvollen Kriterium der Demokratie keineswegs Genüge getan. Weitere institutionelle Mittel sind nötig. Hierzu zählt erstens die Institution der öffentlichen Meinung. Sie ist ein Vermittlungsmedium zwischen Staatsgewalt und Volk, das Zustimmung oder Kritik des Volkes gegenüber den Repräsentanten und Trägern öffentlicher Gewalt zum Ausdruck bringt und Regierungsmaßnahmen und Gesetzesvorschläge an die Meinungen, Ansprüche und Interessen der Bürgerinnen und Bürger zurückbinden soll. Zweitens zählt hierzu die direkte Partizipation, d.h. die Möglichkeit des Volkes, vermittelt über politische Organisationen wie Parteien oder Interessengruppen oder aber unvermittelt, etwa in politischen Bewegungen oder Plebisziten, politisch tätig zu werden.

Bisher ist vom Volk die Rede gewesen. Aber wer ist das Volk? Der Begriff des Volkes ist, wie alle politischen Begriffe, mehrdeutig und historisch.[21] Er wird zuweilen als ein Schicht- oder Standesbegriff verwendet (»einfaches Volk«), zuweilen versteht man ihn als einen Kollektivbegriff, der eine zugeschriebene oder wirkliche Gemeinschaft benennt, etwa die Gemeinschaft derer, die einer bestimmten Kultur oder einem bestimmten Staat angehören. Der demokratische Begriff des Volkes, oftmals als *demos* bezeichnet, hebt auf etwas anderes ab, nämlich auf die politische Gleichheit. Zum »Volk« im Sinne von *demos* in einer Demokratie gehören alle, die sich in einer konkreten politischen Ordnung wechselseitig die gleichen politischen Freiheitsrechte zugestehen. Das Volk sind die politisch gleich Freien. Das Volk sind die Bürgerinnen und Bürger.[22]

Da das Volk in der modernen Demokratie identisch ist mit der Summe der Bürgerinnen und Bürger, verfügt es über keine unmittelbare kollektive Handlungsfähigkeit. Es kann sich nicht, jedenfalls nicht als gesamtes Volk, versammeln und es kann auch nicht als solches dargestellt werden. Es verfügt auch nicht über einen Willen, jedenfalls nicht in dem Sinne, wie ein menschliches Individuum einen Willen haben kann. Der essenzialistische Begriff des Volkswillens, wie er häufig in der politischen Alltagskommunikation verwendet wird und dem zufolge das Volk einen Willen »hat«, ist aus diesem Grunde nicht haltbar.

Ein konstruktiver Begriff des Volkswillens ist für die Demokratie dennoch notwendig, da die Demokratie eine Herrschaftsordnung ist, die ihre Legitimität aus der Zustimmung der Bürgerschaft ableitet. Diesem konstruktiven Begriff des Volkswillens zufolge ist der Wille des Volkes nicht einfach vorhanden, sondern er muss durch Praktiken, Verfahren und Zuschreibungen in der politischen Willensbildung immer wieder neu gebildet, eben konstruiert werden. Ein Kardinalproblem der Demokratie stellt dabei das Verhältnis von Minderheitswillen und Mehrheitswillen dar.

Demokratie ist gewiss nicht identisch mit bloßer Mehrheitsherrschaft. Da in modernen Gesellschaften aber sehr häufig weder Konsens erreicht werden kann, noch Einmütigkeit vorliegt, ist sie allerdings auch nicht möglich, ohne dass in zentralen Fragen, etwa mit Blick auf die Besetzung von Ämtern oder die Entscheidung von politischen Grundsatzfragen, die Mehrheit der politisch beteiligten Bürgerinnen und Bürger oder der Repräsentanten den Ausschlag gibt (Mehrheitsprinzip). Gerechtfertigt werden kann das Mehrheitsprinzip dann, wenn die unterlegene Minderheit zum einen durch Grundrechte vor der ungebremsten Mehrheitsherrschaft geschützt wird und ihr zum anderen die Möglichkeit offensteht, die Mehrheit von ihrer Position zu überzeugen, d.h. in der Zukunft einmal selbst zur Mehrheit zu werden. Eine weitere Rechtfertigung des Mehrheitsprinzips besteht darin, dass mittels des Mehrheitsprinzips die Freiheit maximiert wird. Würde nämlich das Mehrheitsprinzip nicht gelten, könnten Minderheiten jegliche politische Entscheidung und damit die Selbstgesetzgebung der Mehrheit blockieren. Die Mehrheitsregel maximiert deshalb die politische Freiheit.

Das Mehrheitsprinzip wird in der Demokratietheorie häufig nur mit Blick auf Wahlverfahren thematisiert, die der Bestimmung von Repräsentanten dienen. In diesem Zusammenhang soll es eine Legitimationsfunktion erfüllen. Demokratische Eliten zeichnen sich dadurch aus, dass sich ihre Herrschaft auf einen Mehrheitswillen des Volkes zurückführen lässt, der eine Herrschaftsbefugnis auf Zeit erteilt. Darüber hinaus werden die temporären Machthaber durch ergänzende Praktiken und Institutionen an die Bürgerschaft zurückgebunden. Allerdings existieren auch in der Demokratie nicht vom Volk gewählte Eliten, die in ihren Ämtern, etwa in Zentralbanken, Bürokratien, Verfassungsgerichten, Partei- und Verbandsführungen, aber auch in Wirtschaftskonzernen und -betrieben Herrschaft ausüben. Diese Herrschaftsausübung durch Eliten in der Demokratie führt dazu, dass auch die Demokratie das Problem der Herrschaft keineswegs überwunden hat. Insgesamt kann man sagen: Auch in der Demokratie herrschen Eliten – wenn auch als öffentlich kritisierbare, zumeist kontrollierbare, aber eben nur teilweise abwählbare Eliten.

3.2 Demokratische Enttäuschungen, populistische Hoffnungen

Die politischen Regime, die wir gewohnheitsmäßig Demokratien nennen, sind in Wirklichkeit politische Amalgame, in denen das Prinzip der Volkssouveränität nur eingeschränkt zur Geltung kommt. Historisch sind sie nicht nur durch das demokratische politische Denken und Handeln geprägt worden, sondern wurden auch durch andere ideologische Kräfte geformt. Inhaltlich artikulieren populistische Parteien, Politiker und Bewegungen, historisch und kontextuell variierend, Forderungen und Ziele, die diesen Prägekräften zugeordnet werden können.

Hier ist in erster Linie der Liberalismus zu nennen. Er ist historisch älter als die moderne Demokratie. Das Kernprinzip des Liberalismus ist die individuelle Freiheit, die laut liberaler Lehre vor allem durch Abwehrrechte gegen die Staatsgewalt und Verfügungsrechte über Privateigentum gesichert wird. Viele Institutionen und Prinzipien, die heute zum Kernbestand moderner Demokratien gezählt werden, sind durch den Liberalismus geprägt worden, etwa das Rechtsstaatsprinzip, die Gewaltenteilung, die Bindung der Staatsgewalt an eine Verfassung und diejenigen bürgerlichen Freiheitsrechte, die eine von Herrschaft freie Sphäre der individuellen Willkür abstecken; eine Sphäre, an der auch die Volkssouveränität ihre Schranke finden soll.

Auch in ökonomischer Hinsicht ist der Liberalismus für die Demokratie folgenreich geworden, da er den Kapitalismus vor demokratischem Zugriff schützt. Sein Kernpostulat ist, dass eine Ökonomie, die auf dem unternehmerischen Profitmotiv, auf Privateigentum an Kapital, freier Lohnarbeit und der Koordination durch Märkte fußt, sowohl produktiver als auch gerechter ist als andere Formen des Wirtschaftens, etwa solche der Gemeinwirtschaft.

Der Republikanismus, ideengeschichtlich ein Konterpart des Liberalismus, hat ebenfalls in die moderne Demokratie Eingang gefunden, insbesondere durch seine Betonung politischer Beteiligungsrechte. Darüber hinaus kommt er nicht so sehr in Rechtsinstitutionen zum Ausdruck, sondern mehr in einem bestimmten Geist oder in einer bestimmten bürgerschaftlichen Kultur, die moderne Demokratien aufweisen oder zumindest aufweisen sollten. Gemeint sind hier Tugenden wie der bürgerliche Gemeinsinn und die staatspolitische Solidarität der Bürgerinnen und Bürger untereinander, zuweilen auch eine gemeinsame Herkunft oder Gründungsgeschichte, eine verbindende kulturelle Prägung oder Gesinnung.

Drittens hat auch der Sozialismus prägend auf die demokratischen Regime eingewirkt – wenn auch vor allem dadurch, dass man ihn durch sozialpolitische Konzessionen abwehren wollte. Die Kernidee des Sozialismus ist, dass die Solidarität und Gemeinschaftlichkeit, die der Republikanismus für die politische Sphäre einfordert, auch auf die ökonomische Sphäre ausgeweitet werden sollen. In Form des Wohlfahrtsstaats, der mit diesem verbundenen Entkommodifizierung vieler gesellschaftlicher Arbeitsbereiche, ihrer in Teilen gemeinwirtschaftlichen Organisation sowie der Umverteilung eines nicht geringen Teils des Sozialprodukts sind ursprünglich sozialistische Ideen ein Element der modernen Demokratie geworden. Gerade an der Frage, wie viel von wem zu wessen Gunsten umverteilt werden soll, entzünden sich deshalb zahlreiche politische Konflikte.

Viertens schließlich ist der aufgeklärte Etatismus folgenreich gewesen. Er hat seine Wurzel in der Zeit der Ausbildung der neuzeitlichen Staatsgewalt und er wird geprägt von dem Prinzip des arbeitenden Staates, welches besagt, dass die Rechtfertigung und Notwendigkeit der staatlichen Herrschaft in der gestaltenden, planenden, Probleme lösenden, kollektive Güter bereitstellenden, vorsorgenden und intervenierenden Staatstätigkeit liegen. Das etatistische Denken deutet die Gesellschaft mithin als staatsbedürftig, und das nicht nur mit Blick auf die Gewährleistung kollektiver Sicherheit, sondern auch hinsichtlich anderer Ziele wie wirtschaftliche Prosperität, soziale Sicherung oder kulturelle Errungenschaften.

Die modernen Demokratien pflegen zwar in der Regel eine Selbstbeschreibung als »reine« Demokratien, in Wirklichkeit weichen sie aber von einer idealtypischen demokratischen Herrschaft mehr oder weniger stark ab. Einige Demokratietheoretiker bezeichnen die existierenden politischen Regime, die gemeinhin als Demokratien bezeichnet werden, deshalb nicht als »Demokratien«. Sie nutzen stattdessen Begriffe, die die Differenz zwischen demokratischem Prinzip und politischer Wirklichkeit zum Ausdruck bringen sollen. Der Demokratietheoretiker Robert A. Dahl etwa nennt sie »Polyarchien« (Dahl 1989: 220–224). Und der Politikwissenschaftler Michael Th. Greven gibt in seiner Auseinandersetzung mit Max Webers Herrschaftssoziologie zu bedenken: »Zur direkten Machtausübung der ansonsten auch in der repräsentativen Demokratie beherrschten Bevölkerung kommt es nach ihm [Max Weber] nur in Zeiten des revolutionären Umbruchs einer Herrschaftsordnung, keineswegs aber im Alltag der modernen Demokratie, die als unabwendbare Eliten- oder Bürokratenherrschaft in seinem Sinne eigentlich den falschen Namen trägt. Die moderne ›repräsentative Demokratie‹ verdiente danach eher den Namen ›Oligarchie‹.« (Greven 1999: 113) In jüngerer Zeit schließlich hat der britische Politikwissenschaftler Colin Crouch den Begriff der »Postdemokratie« eingeführt, der kritisch auf einen sich vollziehenden Prozess der Entdemokratisierung westlicher Demokratien hinweisen soll (Crouch 2008).

Wie weit das demokratische Ideal und die politische Wirklichkeit auseinanderliegen und ob eine Annäherung zwischen beiden möglich ist, das ist in der Wissenschaft umstritten. Nahezu unbestritten ist jedoch, dass zwischen Ideal und Wirklichkeit eine Lücke klafft. Und auch für die Bürgerinnen und Bürger der modernen Demokratien ist das Auseinanderfallen von realer Erfahrung und demokratischer Erwartung sinnfällig. Hieraus entstehen Enttäuschungen oder Frustrationen, denen etwas Wesentliches gemeinsam ist: Sie bilden den Nährboden für Populismus.

Bereits zu Beginn des 20. Jahrhunderts wurden in der politischen Soziologie zwei Tendenzen moderner Demokratien identifiziert, die zu den zentralen Ursachen für den Kontrast zwischen demokratischem Ideal und politischer Wirklichkeit gezählt werden müssen. Erstens handelt es sich um eine Tendenz, die insbesondere von Max Weber analysiert wurde: die nahezu unaufhaltsame Bürokratisierung des modernen Lebens. Im Staat ist sie beim Wachstum des öffentlichen Dienstes besonders anschaulich. Bürokratisierung findet sich indes nicht nur in der staatlichen Verwaltung. Auch die politischen Parteien, die Wirtschaftsbetriebe, die Verbände, die Kirchen und zahlreiche andere Organisationen sind durch Bürokratisierung geprägt. Zweifellos ist diese vielgestaltige Bürokratie, und diesen Aspekt hatte Weber hervorgehoben, eine höchst leistungsfähige Apparatur. Allerdings ist sie auch, und diesen Aspekt hatte er ebenso betont, ein Herrschaftsapparat, der insbesondere den Spitzen der Bürokratien zahlreiche Chancen auf Selbstbegünstigung und Machtausübung eröffnet. Die Bürokratie ist schwer von außen kontrollierbar und bedroht dadurch die politische Freiheit.

Die zweite Tendenz ist die Oligarchisierung, das heißt die Entstehung von Eliten, die aufgrund ihrer hervorgehobenen Stellung in Wirtschaft und Wirtschaftsverbänden, Parteiführungen, Regierungsämtern, staatlicher Verwaltung und Medien viel größere Verfügungschancen über Prestige, Geld, Information und bindende Entscheidungen haben als die normalen Bürgerinnen und Bürger und denen deshalb ein hohes Maß an politischer Macht zukommt.[23] Sie stehen in der Regel an der Spitze von Bürokratien.

Ein wichtiger Teilaspekt der Oligarchisierung ist die Professionalisierung von Politik. Das bedeutet, dass Politik in modernen Demokratien in der Regel von Berufspolitikern gemacht wird – im Gegensatz zu »Gelegenheitspolitikern« (Max Weber), zu denen, dann und wann, eigentlich fast alle Bürgerinnen und Bürger gehören können. Diese Berufspolitiker können, wie erwähnt, überdies als politische Klasse auch mehr oder minder klar identifiziert werden.

Diese beiden Tendenzen, Bürokratisierung und Oligarchisierung, gehen notwendig mit einer Verstetigung von Hierarchien einher und sie sorgen dafür, dass die modernen Demokratien durch eine Differenz zwischen Elite und normaler Bürgerschaft gekennzeichnet sind. Eine Differenz, die mal mehr, mal weniger im Alltagsbewusstsein der Bürgerinnen und Bürger präsent ist und Grund für Widerstand geben kann.

Zu nennen ist noch eine dritte Eigenheit moderner Demokratien, die den Nährboden für die Entstehung von Populismus bildet. Es handelt sich um ein Phänomen, das die Politik in der Moderne insgesamt charakterisiert. Bezeichnen kann man es als symbolische Regierungszentralisierung. Mit diesem Ausdruck ist die äußerst wirkmächtige Vorstellung gemeint, die Gesellschaft werde durch eine staatliche Regierungszentrale gesteuert, der die Kompetenz des gestaltenden, ausgleichenden oder präventiven Eingriffs in die Gesellschaft zukommt und die für ihre Eingriffe – oder das Fehlen derselben – Verantwortung übernehmen muss. In der Demokratie wird diese Steuerungskompetenz dem Staat sowohl von den Eliten als auch von der Bürgerschaft sowie von populistischen Herausforderern zugeschrieben. Die regierenden Eliten rechtfertigen ihre Politik im Rekurs auf ihr Mandat oder auf den Willen oder das Wohl des Volkes; Bürgerinnen und Bürger finden sich darin in der Regel nicht wieder und fragen sich, warum das Volk nicht zum Zuge kommt; und die populistischen Herausforderer propagieren, dass endlich Politik im Sinne des Volkes gemacht werden muss. Die populistische Hoffnung – und das zentrale Versprechen populistischer Politiker – ist: dass endlich im Sinne des Willens des Volkes regiert wird.

In der politischen Wirklichkeit sind alle modernen Demokratien also durch eine Beschränkung der Beteiligung des Volkes durch die Verfassung, institutionelle Filter sowie durch eine Unterscheidung zwischen politisch aktiver Elite und politisch passiver Masse gekennzeichnet. Das ist für die Legitimität einer sich als demokratisch beschreibenden politischen Ordnung potenziell problematisch, da die Besetzung hoher politischer Ämter und die Regierungspolitik zumindest mittelbar durch das Volk legitimiert sein müssen – durch die Mehrheit der Bürgerinnen und Bürger, durch die öffentliche Meinung und durch demokratische Repräsentation. Die Demokratie setzt damit jedoch sehr anspruchsvolle – gleichsam störungsanfällige – Legitimationsprozesse und -verfahren voraus.

In modernen Demokratien wird Legitimität durch unterschiedliche Quellen erzeugt. Zu den wichtigsten zählt zunächst die *output*-Legitimität, d.h. die effektive Problemlösung durch den Staatsapparat und die Bereitstellung öffentlicher Güter. Es handelt sich hierbei um keine genuin demokratische Legitimationsform, gleichwohl spielt sie bei der Legitimität von Herrschaft auch in demokratischen Regimen eine große Rolle. Gleiches gilt für die sogenannte *throughput*-Legitimität. Sie hebt ab auf die

Transparenz der politischen Willensbildung, Entscheidung und Implementation und bemisst sich daran, ob und wie diese Prozesse von den Bürgerinnen und Bürgern beobachtet werden können.

Eine dritte, genuin demokratische Quelle der Legitimität stellt die *input*-Legitimität dar. Erzeugt wird sie durch formelle Beteiligungsverfahren, in erster Linie durch Wahlen, aber auch durch organisatorische Beteiligung in Parteien, Verbänden und Vereinen sowie durch informelle Partizipationsmöglichkeiten, etwa durch Prozesse der Willensbildung in der Öffentlichkeit in Form der Meinungsäußerung oder des Protests. Sie hebt letztlich auf die Beteiligung der Bürgerinnen und Bürger am politischen Prozess ab.

In der Demokratie entstehen Legitimationsprobleme, wenn auf der *output*-Seite drängende Probleme nicht gelöst werden oder öffentliche Güter nicht bereitgestellt werden oder dies einem Teil der Bürgerschaft so erscheint und wenn auf der Ebene des *throughput* der Eindruck entsteht, es mangele politischen Prozessen an Transparenz. Auf der *input*-Seite wiederum entstehen Legitimationsprobleme, wenn die Beteiligungsmöglichkeit von unten nicht mehr in einer Weise gewährleistet wird, die mit der Grundnorm der politischen Gleichheit und der demokratischen Rückbindung der Besetzung von Ämtern und der Regierungspolitik verträglich ist. Genauso kann es zu Problemen kommen, wenn die Repräsentation gesellschaftlicher Identitäten, Interessen, Ideen, Ansprüche und Konflikte nicht mehr oder nur lückenhaft erfolgt bzw. bestimmte Gruppen von Bürgern und Bürgerinnen nicht (mehr) repräsentiert werden – oder diesen Eindruck haben. Sie können auch dann auftreten, wenn politische Reformprojekte oder weitreichende Entscheidungen ohne die nötige Akzeptanz durchgesetzt und implementiert werden.

3.3 Der Populismus als Zwitter in der Demokratie

Die beschriebenen Legitimationsprobleme können politisiert und skandalisiert werden. Das ist die Stunde der Populisten, die auf die Repräsentationslücke und die Differenz zwischen Elite und Masse hinweisen und diese auf eine bestimmte Weise deuten. Diese Deutung besteht in einer selektiven Interpretation des Legitimationsproblems und der Repräsentationslücke, der zufolge die Elite eine Politik macht, die nicht im Sinne des Volkes sei. Während das Volk als eine authentische, gute Gemeinschaft dargestellt wird, erscheint die Elite als eine korrupte Gemeinschaft. »Korrupt« erhält hierbei eine doppelte Bedeutung. Auf der einen Seite transportiert dieses Attribut den Vorwurf an die Elite, dass sie käuflich sei und durch Korruption das Gleichheitsversprechen der Demokratie verrate. Auf der anderen Seite hat der Vorwurf der Korruption eine moralische Dimension. Die Elite sei unmoralisch und selbstgerecht, sie werde von Ideologie oder Eigennutz getrieben, sie verhalte sich dekadent, sei nicht vertrauenswürdig und abgehoben.[24]

Mit Grund leitet sich der Name »Populismus« von *populus*, dem lateinischen Wort für »Volk«, ab: Populisten machen sich symbolisch zu den Fürsprechern des Volks und seines angeblichen Willens oder Wohls in Abgrenzung zu einer herrschenden, vermeintlich korrupten Elite. Es ist wichtig zu sehen, dass der Populismus durch seinen Rekurs auf das Konzept der Korruption etwas Doppeltes tut. Zum einen etabliert er eine moralische Wir/sie-Unterscheidung, die die Elite in einem zweifelhaften Licht erscheinen lässt, zum anderen beruft er sich aber auch auf rechtsstaatliche und demokratische Prinzipien wie Unparteilichkeit, den Volkswillen und das Gemeinwohl. In gewisser Weise aktualisiert der Populismus damit ein altes republikanisches Motiv. Der historische Republikanismus beschäftigte sich mit der Frage, was politische Gemeinwesen auseinandertreibt. Seine Antwort war: ein Mangel an politischer Tugend und die Entfernung der Eliten von der Bürgerschaft. Diese Diagnose wird den Demokratien der Gegenwart auch von den Populisten ausgestellt.

Der Vorwurf der Korruption seitens der Populisten kann nicht einfach als Demagogie abgetan werden. Er rekurriert zum Teil auf gültige Normen der politischen Legitimität (gutes Regieren, gute Amtsführung, Gemeinwohlverträglichkeit) und hat zum Teil illegitime oder problematische Praktiken im Blick (z.B. die Entwicklung oligarchischer Tendenzen oder die Abschottung der politischen Elite). Populistische Politiker verallgemeinern die Kritik an diesen Praktiken indes zumeist zu dem Vorwurf, dass die Korruption ein systemisches Ausmaß angenommen habe, und verstehen sich als politische Kraft, die »das korrupte System« attackiert.

Der Populismus hat damit zunächst eine dyadische Struktur. Er unterscheidet zwischen Elite und Volk – und verortet sich selbst als elitenkritische Macht auf Seiten des Volkes. Diese Struktur, die sich vornehmlich im Linkspopulismus, bisweilen auch in einem Populismus der Mitte findet, wird vom Rechtspopulismus um eine weitere Dimension erweitert, der Rechtspopulismus ist triadisch. Da der Rechtspopulismus um sich greift, wollen wir ihn gleich etwas ausführlicher behandeln. Zuvor aber noch ein Wort zum Begriff des »Populismus der Mitte«. Dieser Begriff wird zuweilen genutzt, um auf die soziale Verortung der Anhänger und Wähler des Populismus in der Mittelschicht hinzuweisen, zuweilen wird er aber auch dazu verwendet, um die Hinwendung von Volksparteien zu populistischen Stilelementen, Organisationsformen und Mobilisierungstechniken auszudrücken. Letztere Verwendungsweise des Begriffs weist darauf hin, dass populistische Stilelemente nicht nur von Herausforderern der politischen Eliten benutzt werden; auch etablierte Eliten bedienen sich ihrer, vor allem dann, wenn sie sich in der Opposition befinden.[25]

Der Rechtspopulismus fügt der Differenz zwischen »korrupter Elite« und »gutem Volk« eine weitere, dritte Unterscheidung hinzu: die Unterscheidung zwischen dem guten Eigenen (Volk, Nation, Gemeinschaft) und dem bedrohlichen Fremden (Ausländer, Migranten, Muslime). Rechtspopulisten konstruieren in ihrer politischen Mobilisierung und Rhetorik das eigene Volk als eine gute Gemeinschaft, die von zwei Seiten bedroht werde: von einer korrupten Elite und von Fremden.

Dabei kommt es zu einer Verquickung von Identitätspolitik mit Interessenpolitik. Das eigene Volk wird als ein Kollektiv mit einer einheitlichen Identität dargestellt, und es wird ihm ein homogenes Interesse unterstellt. Beides, sowohl die Identität als auch das Interesse, werde von der Elite und den Fremden bedroht. Kennzeichnend für den Rechtspopulismus ist noch ein weiteres Merkmal, nämlich ein provokanter Politikstil, der auf mediale Aufmerksamkeit durch Skandale setzt.

Diese Skandale und Provokationen werden als Tabubrüche inszeniert. Man stilisiert sich als eine durch die korrupte Elite unterdrückte Stimme der schweigenden Mehrheit, die endlich ausspricht, was die Mehrheit des Volkes (angeblich) denkt. Rechtspopulismus ist eine Form der politischen Mobilisierung, die mit der Unterscheidung von »gutem Volk« und »schlechter Elite« sowie »bedrohlichen Fremden« operiert.

Bemerkenswert ist überdies die Spannung zwischen demokratischer Rhetorik und tatsächlicher Willensbildung in rechtspopulistischen Parteien. Während sich bei ihnen programmatisch häufig Forderungen nach direkter Demokratie finden lassen, wird die Willensbildung in diesen Parteien oftmals durch mehr oder minder charismatische Führungsfiguren, hierarchische Organisationsstrukturen und die Missachtung demokratischer Verfahren geprägt. Diesen offenkundigen Widerspruch wollen populistische Politiker zumeist dadurch auflösen, dass sie für sich eine *plebiszitäre* Legitimität reklamieren.

Populismus ist gleichsam ein Zwitter in der Demokratie, der in dem Zwischenbereich von Enttäuschungen und Hoffnung und im Kontext von Legitimationsproblemen entsteht. Einerseits ist er eine kritische Reaktion auf politische Probleme und Entfremdungserfahrungen, die vor dem Hintergrund des Prinzips der Volkssouveränität und anderer normativer Prinzipien tatsächlich kritikwürdig sind oder sein können. Hierzu zählen:

- die Dominanz von bürokratischen Organisationen und Strukturen
- die Monopolisierung der politischen Willensbildung durch Eliten in politischen Parteien, Staatsverwaltung, Verbänden und den Medien (»Parteienstaatlichkeit«, »Bürokratenherrschaft«, »Kartell der politischen Klasse«, »Herrschaft der Verbände«, »Kampagnenjournalismus«)
- Klientelismus, Korruption, Selbstbegünstigung und Vorteilsnahme
- die Exklusion bestimmter Gruppen, Identitäten, Forderungen, Probleme und Themen aus der politischen Willensbildung und Repräsentation
- eine mangelnde Problemlösungsfähigkeit des Staatsapparats

Andererseits zeichnet sich Populismus häufig dadurch aus, dass er in der Demokratie ablaufende, problematische Prozesse aktiv verstärkt oder sogar radikalisiert. Dies hängt mit der Tatsache zusammen, dass populistische Politiker und Parteien die komplexen Prozesse der Willensbildung umgehen und den vermeintlichen Willen des Volkes unvermittelt zur Geltung bringen wollen oder sie durch die (quasi-)plebiszitäre Legitimation einer Führungsfigur ersetzen wollen.

Hierbei kommen häufig Mittel zum Einsatz, die zwar im üblichen politischen Meinungsstreit und der Willensbildung durchaus gängig, in Teilen unvermeidbar oder, etwa in Form von Kampagnen, sogar für Prozesse demokratischer Willensbildung notwendig sind, aber durch Populisten häufig übersteigert werden. Hierzu zählen:

- die demagogische, zudem moralisierende Skandalisierung, die nicht nur sozial relevante Probleme betrifft, sondern in stigmatisierender Form auch Personen und Gruppen (»Sündenbock-Politik«)
- eine übermäßige Symbolpolitik, die Mobilisierungserfolge erzielt, aber innerhalb der bestehenden Institutionen nicht umsetzbar ist
- eine Missachtung oder Umgehung inklusiver Willensbildung zugunsten einer tatsächlichen, inszenierten oder rhetorisch beschworenen Massenakklamation (»Bonapartismus«)
- eine klientelistische Begünstigung der eigenen Gefolgschaft und Aussperrung politischer Konkurrenten vom politischen Wettbewerb im Fall der Regierungsübernahme (»autoritärer Klientelismus«)
- eine aggressive Freund-Feind-Rhetorik und die Unterminierung von Systemvertrauen durch verunglimpfende Fundamentalpolemik, die sich gegen die Institutionen richtet (»das System ist unheilbar verrottet und längst von einer korrupten Elite runtergewirtschaftet«)
- die propagandistische Überzeichnung politischer Problemlagen und die Konstruktion (das »Herbeireden«) einer mangelnden Problemlösungsfähigkeit des Staatsapparats

- die Verwendung einer Krisenrhetorik, die antidemokratische Traditionen fortsetzt (»Untergang des Abendlandes«)
- eine politisch illiberale, die politische und juristische Freiheit einschränkende Regierungspolitik im Amt

3.4 Vom Populismus in der Demokratie zum Populismus gegen die Demokratie

Gemäß unserer Eingangsthese kann es Populismus nur in der oder im Namen der Demokratie geben. Allerdings können sich populistische Politiker und Parteien in der Demokratie, etwa durch die eben genannten Mittel, Inhalte und Formen politischer Mobilisierung, gegen demokratische Institutionen und Verfahren richten. Beachtet werden muss in diesem Zusammenhang, dass die sozialen und politischen Prozesse, die wir mit unseren Begriffen bezeichnen, niemals rein und abgeschlossen, in sich ruhend und unveränderlich sind. Sie sind im Fluss und wandeln sich im Laufe der Zeit. Alle Gegenstände der Sozialwissenschaft sind historischer – mal plötzlicher, mal schleichender – Veränderung unterworfen. Unsere Begriffe treffen deshalb nicht das ewige Wesen eines Phänomens, sondern sie stellen Abstraktionen und Konstruktionen dar, mit denen wir die im Fluss befindliche soziale und politische Wirklichkeit ordnen und deuten. Deshalb ist es nicht verwunderlich oder gar Zeichen für mangelnde Begriffsbildung, wenn sich ein gemeinhin als »populistisch« charakterisierter Politiker zu einem späteren oder zum gleichen Zeitpunkt »faschistisch« oder »autoritär« äußern mag.

Auf prinzipieller Ebene lässt sich festhalten: Die Übergänge eines Populismus *in* der Demokratie zu einem Populismus *gegen* die Demokratie können fließend sein, aber zwischen dem Populismus auf der einen Seite und dem Faschismus, dem Nationalsozialismus und dem Rechtsradikalismus auf der anderen Seite bestehen, trotz einiger Gemeinsamkeiten, fundamentale Unterschiede. Ein wesentlicher Unterschied ist, dass sowohl der Faschismus als auch der Nationalsozialismus explizit antidemokratische Herrschaftsformen und Ideologien waren und sind.

Zweifelsohne gab es auch in der faschistischen und nationalsozialistischen Propaganda Versatzstücke demokratischer Rhetorik. Benito Mussolini, der Begründer des Faschismus, definierte Faschismus etwa als »organisierte, konzentrierte, autoritäre Demokratie auf nationaler Basis« (zitiert nach Nolte 1979: 28). Indes handelt es sich hierbei um eine strategische, Massenloyalität ausdrückende oder suggerierende Bezugnahme auf das Konzept der Demokratie, bei der »Demokratie« substanziell umgedeutet und faktisch durch das »Führerprinzip« ersetzt wurde. Moderne Politik ist auch in ihrer undemokratischen Form stets auf ein gewisses Maß an Massenloyalität angewiesen. Der Appell an die Massen und die Bezugnahme auf »Demokratie« in einem sehr weiten Sinne sind deshalb auch für antidemokratisch ausgerichtete Parteien, Bewegungen und Politiker unvermeidbar.

Es ist gleichwohl ein Kernelement faschistischen, nationalsozialistischen und rechtsradikalen Denkens, das für das demokratische Denken konstitutive Prinzip der Volkssouveränität und den Wert politischer Gleichheit abzulehnen. Bei allen – zum Teil erheblichen – Unterschieden zwischen den Faschismen in Italien und anderswo, dem deutschen Nationalsozialismus und den heutigen rechtsradikalen Parteien, Gruppen und Netzwerken, markiert dies eine zentrale Differenz zum Populismus.

Weitere Unterschiede bestehen in den Formen der politischen Organisation und Mobilisierung, in den Inhalten und Programmatiken sowie in der Herrschaftspraxis. Die Strategie der von oben gelenkten, kontrollierten Massenmobilisierung, Massenmord, Terror, Verfolgung und Einschüchterung sowie die totale organisatorische Gleichschaltung der Gesellschaft werden von keiner populistischen Partei oder Bewegung explizit angestrebt oder tatsächlich angewendet. Inhaltlich und programmatisch verfechten Populisten in den modernen Demokratien Europas und den USA häufig restaurativ-wiederherstellende, konservativ-gemäßigte, in gewissen Grenzen illiberale Ziele, die insgesamt erheblich von der umstürzlerischen und radikalen Programmatik neofaschistischer, neonationalsozialistischer und rechtsradikaler Gruppierungen abweichen, da diese, bei allen Differenzen, eine totalitäre Form politischer Herrschaft zum Ziel haben. Totalitär ist hieran der Anspruch, einen »neuen Menschen« zu schaffen mittels einer Herrschaft, die oppositionelles Handeln restlos unterdrückt und verfolgt, Grund- und Menschenrechte annulliert sowie die Gesellschaft im Sinne einer inhaltlich jeweils unterschiedlich bestimmten, aber in allen Fällen hierarchisch, auf politische Ungleichheit hin orientierten Ideologie von Grund auf umgestalten soll.

Der politisch häufig illiberale, indes nicht totalitäre Zug vieler populistischer Parteien und Politiker kommt vor allem in ihrer Regierungspraxis zum Ausdruck. Hieraus entsteht eine Spannung zwischen der populistischen Forderung nach direkten Formen der Demokratie auf der einen Seite und der Bedeutsamkeit charismatischer Politiker, hierarchisch-oligarchischer Organisationsstrukturen und der Missachtung demokratischer Verfahren auf der anderen Seite. Eine Spannung, die populistische Politiker durch ihre Berufung auf plebiszitäre Legitimität oder das Gemeinwohl aufzulösen trachten. Im Amt zeigen populistische Politiker, je nach Opportunität und Gestaltungsspielraum, den die politischen Institutionen eröffnen, die Tendenz zur Beschränkung der politischen und juristischen Freiheit, etwa in Form der Behinderung der politischen Konkurrenz und Opposition, der Einschränkung der Meinungsfreiheit sowie der Missachtung der

Gewaltenteilung und der Unabhängigkeit der Justiz. Hierzu gesellt sich nicht selten eine Politik, die vor allem in ihren wirtschafts- und kulturpolitischen Aspekten eine nicht geringe Unterstützung in der Bürgerschaft genießt.[26]

Ideologisch zeigt sich mit Blick auf die Frage nach der Stellung von Gewalt in der Politik eine weitere Differenz zwischen Populismus und Faschismus. Populistische Politiker legen zuweilen eine martialische Rhetorik an den Tag und propagieren nicht selten eine repressive Staatsgewalt – im Dienste von Law and Order. Gewalt gilt im populistischen politischen Denken aber nicht als eine eigenständige, positiv zu bewertende politische Potenz. Im faschistischen politischen Denken findet sich demgegenüber geradezu ein Kult der Gewalt, der kollektive Gewaltausübung (para-)militärisch organisierter Männerbünde als ein geeignetes Mittel zur Erreichung autoritärer politischer Ziele rechtfertigt, anpreist und ästhetisierend überhöht (Finchelstein 2017; Priester 2012: 178).[27]

Die Frage nach den ideologischen Gemeinsamkeiten und Unterschieden zwischen Faschismus und Populismus kann auf einer allgemeinen Ebene nicht beantwortet werden, da der Populismus in ideologischer Hinsicht zumeist eher blass – und beweglich – bleibt. Populistische Politiker, Parteien und Bewegungen haben sehr heterogene Programmatiken und Ziele verfolgt und propagiert. Allerdings ermangelt auch der Faschismus einer festumrissenen Ideologie; er tut es zumindest dann, wenn man ihn an der Kohärenz und politiktheoretischen Substanz der Ideologien des 19. Jahrhunderts – Liberalismus, Konservatismus, Marxismus, Sozialismus – misst.[28] Ein Vergleich der Ideologie müsste jedenfalls nicht den Populismus allgemein, sondern historische Populismen mit dem historischen Faschismus vergleichen. Nur auf dieser Ebene lassen sich sinnvolle Aussagen treffen.[29]

Wirtschafts- und sozialpolitisch hat der Faschismus häufig auf eine korporatistische Erfassung und Organisierung der Bevölkerung »von oben« gesetzt; ein Konzept, das vor allem mit dem italienischen Faschismus verbunden ist – und in den Demokratien Europas sowie auch in den USA zeitweise wohlwollend und interessiert beurteilt wurde (Schivelbusch 2005).

Affinitäten zwischen Populismus und Faschismus lassen sich am ehesten mit Blick auf zwei Denkhaltungen ausmachen, die sich beide, wenn auch nicht ausschließlich, sowohl im Populismus als auch im Faschismus finden. Erstens teilen sie den Produktionismus, auf den wir im zweiten Kapitel bereits eingegangen sind. Produktionistisches Denken unterscheidet normativ zwischen produktiven Menschen auf der einen Seite und unproduktiven, »parasitären« Menschen auf der anderen Seite. Wer hierzu jeweils konkret gezählt wird, das variiert historisch und kontextuell und reicht von ethnischen und religiösen Minderheiten über Berufs- und Funktionsgruppen, Organisationen bis hin zu Gesellschaftsschichten. Der Produktionismus kann sich mithin gegen Großbanken, Intellektuelle, Beamte, Manager, Kapital- und Grundeigentümer, Sozialhilfeempfänger richten, aber auch Juden, Muslime oder Ausländer ins Visier nehmen. Zweitens haben sowohl Populismus als auch Faschismus eine Sicht auf Politik und Gesellschaft, die Karin Priester etwas ironisch »detektivischen Materialismus« genannt hat (Priester 2012: 165). Gemeint ist damit die Neigung, andauernd nach »den Schuldigen« für ökonomische, soziale und politische Probleme Ausschau zu halten und die Ursachen für diese Probleme in vermeintlich niederträchtigen Personen oder Personengruppen zu suchen, die hinter den Kulissen des offiziellen Betriebs die Fäden zögen. Wie der Produktionismus, kann der »detektivische Materialismus« in verschwörungstheoretisches und antisemitisches Denken übergehen.

Abschließend ist noch eine Differenz zwischen Populismus und Faschismus zu nennen: Sowohl Populismus als auch Faschismus reagieren auf sozioökonomische und politische Krisensituationen, aber der Faschismus war das Ergebnis einer spezifischen historischen Konstellation nach dem Ersten Weltkrieg. Politisch kann er in veränderter Form wiederkehren, aber als ein historisches *Epochen*phänomen ist er nicht wiederholbar. Der Populismus hingegen ist zyklischer Natur, er ist ein zwar inhaltlich wandlungsfähiges, aber zugleich periodisch wiederkehrendes Phänomen (ebd.: 173–174).

Die Abgrenzung zwischen Rechtspopulismus und Rechtsradikalismus lässt sich weniger eindeutig vornehmen als die Abgrenzung zwischen Populismus und Faschismus. Offenkundig ist, dass zwischen Rechtspopulismus und Rechtsradikalismus eine Gemeinsamkeit besteht: die Fremdenfeindlichkeit. Allerdings propagiert der Rechtsradikalismus zumeist ein völkisch-essenzialistisches Verständnis des Volkes, d.h., das Volk wird von ihm als Abstammungsgemeinschaft interpretiert – gleichsam als ein »Erbgut«. Zeitgenössische rechtspopulistische Parteien hingegen berufen sich zumeist auf ein kulturell-nativistisches Verständnis des Volkes. Damit werden Fremde zwar als nicht zur angestammten Leitkultur Gehörende ausgeschlossen, aber dieser Ausschluss ist nicht rassistisch begründet, sondern kulturalistisch.

Eine eindeutige Differenz zwischen Rechtspopulismus und Rechtsradikalismus besteht in der Haltung zur Demokratie. Für den Rechtsradikalismus ist die Ablehnung der Demokratie konstitutiv; im Rechtspopulismus herrscht hingegen ein affirmatives Bekenntnis zur Demokratie vor – wenngleich Rechtspopulisten die Demokratie vornehmlich illiberal interpretieren und sich manches Bekenntnis rechtspopulistischer Politiker zur Demokratie als ein Lippenbekenntnis herausstellen könnte.

Empirisch stellen sich die Verhältnisse allerdings weniger eindeutig dar, als diese bloß idealtypischen Aussagen vermuten lassen. Wir haben schon darauf hingewiesen: Rechtspopulistische Parteien und Politiker berufen sich bei ihrer Mobilisierung gegen muslimische Einwanderer oder den Islam auch auf liberale Werte, Prinzipien und Traditionen – etwa auf die Freiheit, das individuelle Selbstbestimmungsrecht oder die Aufklärung.

Mit Blick auf den Rechtsradikalismus entstehen Abgrenzungsprobleme dadurch, dass der zeitgenössische Rechtsradikalismus auf die immer noch wirksame Tabuisierung und Ausgrenzung rechtsradikaler Ideologie mit einer kulturpolitischen Diskursstrategie reagiert, die eine Tarnfunktion hat: Bezugnahmen auf nationalsozialistische oder faschistische Begriffe und offensive Propaganda werden vermieden zugunsten einer Mobilisierung, die vor allem kulturelle Themen aufgreift und eindeutig rechtsradikale Aussagen nur in verschlüsselter Form kommuniziert – jedenfalls in der Öffentlichkeit. Dieser neue Rechtsradikalismus grenzt sich von dem alten Rechtsradikalismus nicht durch andere Inhalte ab, sondern durch die Form, in der sie propagiert werden. Hierzu gehören auf der einen Seite bemüht spektakuläre Aktionsformen und Symbole, die der Linken entlehnt wurden, auf der anderen Seite eine Kommunikationsstrategie, die rechtsradikale Inhalte in Form einer nicht unmittelbar für jeden als neofaschistisch oder als rechtsradikal erkennbaren Begrifflichkeit und Rhetorik propagiert und durch die Lancierung von neuen Begriffen und Metaphern (»Umvolkung«, »großer Austausch«) eine Veränderung der politischen Diskussionslandschaft erzielen will.

In den Augen des neuen Rechtsradikalismus öffnet der Aufstieg des Rechtspopulismus ein doppeltes Gelegenheitsfenster. Zum Ersten wird er als Indikator einer beginnenden Schwäche der liberalen Demokratie interpretiert. Und tatsächlich ist die normative und empirische Vorherrschaft der liberalen Demokratie nicht mehr unzweifelhaft gegeben. Anzeichen hierfür sind nicht nur die Wiederkehr platonischer Abrechnungen mit der Demokratie (Brennan 2017) sowie sozialwissenschaftliche Publikationen, die als Kur gegen die Leiden der Demokratie ausgerechnet ein durch die Volksrepublik China inspiriertes, expertokratisches »Weniger Demokratie wagen!« empfehlen (Willke 2014) – und dabei mit der zunehmenden Bewunderung für den Aufstieg Chinas zur Weltmacht rechnen können. Hinzu treten die wachsenden Selbstzweifel der politischen Eliten, die im Angesicht populistischer Revolten und einer weitverbreiteten Unzufriedenheit mit ihrer Politik oftmals ratlos wirken. Schließlich zeigt vor allem die jüngere Generation ein schwindendes Vertrauen in demokratische Institutionen und steht demokratischen Prinzipien teilweise sogar skeptisch bis ablehnend gegenüber (Foa/Mounk 2016, 2017). Zum Zweiten sehen Rechtsradikale gerade in neugegründeten rechtspopulistischen Parteien ein potenzielles Ziel für eine Strategie der Infiltration. Die rechtspopulistische Partei soll zur organisatorischen Plattform für rechtsradikale Politiker und Netzwerke gemacht werden. In Deutschland lässt sich dies etwa anhand der Identitären Bewegung und der AfD beobachten, in den USA geschah Ähnliches mit der *Alt-Right* und dem Umfeld Donald J. Trumps.

3.5 Sozialwissenschaftliche Definitionen und Forschungsansätze

Wie »Populismus« am besten zu definieren ist, darüber wurde und wird in der Wissenschaft gestritten – und das in immer zahlreicheren Publikationen. Es kann an dieser Stelle deshalb nicht darum gehen, alle oder auch nur die prominentesten Definitionsvorschläge darzustellen.[30] Stattdessen wollen wir zum Abschluss dieses Kapitels gängige Herangehensweisen der Definition, Analyse und empirischen Erforschung von Populismus unterscheiden, erläutern und die Vor- und Nachteile diskutieren.[31]

Auf einer allgemeinen Ebene kann Populismus zunächst als begleitendes Stilelement des Politikmachens von Berufspolitikern in Demokratien oder als ein besonderer politischer Stil definiert werden.

Im ersten Fall kommt eine große Zahl von Phänomenen in den Blick, die als Symbole einer mehr oder minder stark betonten Volkstümlichkeit oder »geerdeten« Verbundenheit mit den Bürgerinnen und Bürgern deutbar sind bzw. auf diese Weise von politischen Akteuren als solche inszeniert werden. Sie stehen nicht im Zentrum politischer Mobilisierung, Willensbildung und Entscheidung, sind aber für einige Aspekte des politischen Lebens bedeutend, insbesondere im Wahlkampf. Hierzu zählt vor allem die Inszenierung von Kandidaten für politische Ämter mittels bestimmter Bilder, Slogans, Kleidungsstücke, rhetorischer Formeln oder symbolischer Handlungen, die auf deren vermeintliche Bürgernähe oder gar Volksverbundenheit hinweisen sollen. Beispiele hierfür sind das öffentliche Anstechen von Bierfässern, die zur Schau getragene Vorliebe für Currywurst und andere eher volkstümliche Speisen, hochgekrempelte Ärmel im Wahlkampf, die Gummistiefel beim Katastropheneinsatz oder die in Diskussionsrunden von Politikern häufig bemühte »klare Kante«, die man zu zeigen habe und nun endlich zeige. In diesem Sinne definiert, ist Populismus ein in Demokratien nahezu allgegenwärtiges Element des Werbens um Unterstützung und des politischen Handelns von den in der Öffentlichkeit stehenden Politikern.

Im zweiten Fall geht es nicht um diese symbolisch durchaus bedeutsamen, aber zumeist von den politischen Inhalten einigermaßen abgekoppelten, gleichsam nebenherlaufenden Stilelemente, sondern um einen nachdrücklich, in der öffentlichen Darstellung in den Vordergrund gerückten, betont »populistischen« Stil, den sich einige Politiker aneignen und den sie mit ihrer öffentlichen Erscheinungsweise, ihrem »Image«, auch gezielt verknüpfen. Gemeint ist hier ein Politikertypus, zu dessen öffentlicher Inszenierung insbesondere das Bild des »Volkstribunen« gehört, der »Klartext« redet und der mittels rhetorischer Stilmuster zu signalisieren sucht, er spreche aus, was »das Volk wirklich denkt«. Zu den öffentlichen Foren dieses Typus gehören vor allem die Boulevardmedien, inhaltlich spricht er meist Law-and-Order-Themen an. Auch diese Form von Populismus bzw. dieser Politikertypus ist ein normales, d.h. allgegenwärtiges Element demokratischer Politik.

Diese Definition von Populismus als ein Stilelement oder Stil kann für den Zweck der Beobachtung und Analyse demokratischer Politik durchaus sinnvoll sein, sie ist aber ungeeignet, die eigentümliche und eigenständige Qualität des Phänomens Populismus einzufangen. Sie ist deshalb auch nutzlos, wenn es darum geht, das Aufkommen populistischer Parteien oder Politiker zu verstehen und deren Differenz zu den etablierten politischen Kräften herauszuarbeiten. Und auf diese Differenz kommt es sowohl den populistischen Akteuren selbst als auch ihren Unterstützern und Wählern durchaus an. Sie sollte deshalb auch von sozialwissenschaftlichen Beobachtern beachtet und einbezogen werden. Ein Ansatz, der in dieser Hinsicht weiterführend ist, ist die Definition des Populismus als eine bestimmte Form der *Ideologie*.

Insbesondere der Politikwissenschaftler Cas Mudde hat diesen Ansatz entwickelt, angewendet und in der jüngeren Forschung verbreitet. Seine Kernidee ist, Populismus als eine manichäische Ideologie zu definieren, der zufolge die Gesellschaft in zwei homogene und einander antagonistisch gegenüberstehende Gruppen gespalten ist; in das »reine Volk« auf der einen Seite und in die »korrupte Elite« auf der anderen Seite. Überdies zeichne sich diese Ideologie durch ein bestimmtes Politikverständnis aus: Politik solle ein Ausdruck des allgemeinen Willens des Volkes, der *volonté générale*, sein (Mudde 2004: 543; ders./Kaltwasser 2017: 6).

Die Gegenspieler des Populismus sind Mudde zufolge der Elitismus und Pluralismus. Der Elitismus stehe in Opposition zum Populismus, weil er, gleichsam spiegelbildlich und unter umgekehrten Vorzeichen, das Volk als korrupt und gefährlich begreife und gute Politik dadurch charakterisiert sehe, dass der Volkswille in ihr gerade nicht zum Zuge kommt. Der Pluralismus wiederum stehe im Gegensatz zum Populismus, da er dessen Vorstellung von der Homogenität des Volkes kritisiere und die Gesellschaft als buntes Geflecht heterogener Individuen und Gruppen auffasse.

Mudde definiert den Populismus zudem als eine inhaltlich nur »dünn« besetzte Ideologie (*thin-centered ideology*).[32] Dem Populismus gehe gerade die inhaltliche Bestimmtheit ab, die etwa den Liberalismus mit seinen Konzepten des Pluralismus, der Menschenrechte, der Marktwirtschaft, der Gewaltenteilung usw. auszeichnet. Aus diesem Grunde sei er mit anderen Ideologien kombinierbar, etwa mit dem Kommunismus, Ökologismus, Nationalismus oder Sozialismus. Dies gebe ihm erst eine konkrete inhaltliche Färbung und politisch-programmatische Ausrichtung. Empirisch kann man jedoch fragen, ob populistische Bewegungen, Parteien und Politiker tatsächlich mit allen möglichen Ideologien verbunden gewesen sind – oder ob der Populismus nicht eher eine Affinität zu bestimmten Inhalten, Programmatiken, Ideen oder eben auch Ideologien hatte und hat.

Bei Muddes Beschreibung des Populismus wird deutlich, dass auch er eine bestimmte, inhaltlich zumindest spezifisch akzentuierte Ausrichtung als charakteristisch für den Populismus begreift. Er bezeichnet ihn als moralisierend und weist auf seinen reaktiven Charakter hin, der soziale und politische Veränderungen aufhalten oder rückgängig machen und gerade nicht revolutionär vorantreiben soll. Damit ist Populismus tendenziell inkompatibel und auch empirisch häufig im Konflikt mit »dicken« Ideologien und ihren politischen Trägern, die auf eine revolutionäre oder radikal-reformistische Umgestaltung von Politik und Gesellschaft abzielen.

Eine weitere für das Verständnis des Populismus wichtige Einsicht Muddes ist, dass der Populismus herrschaftskritisch agiert und argumentiert – wenn auch auf eine sehr eigentümliche Art. Er protestiert im Namen eines inhaltlich nur vage umrissenen, auf Zugehörigkeit zu einer moralischen, zuweilen regional gebundenen Gemeinschaft abhebenden *heartlands*[33] gegen Unterdrückung. Genauer: Populisten behaupten, im Namen des unterdrückten, durch das *heartland* definierten Volkes zu sprechen, und sie versprechen, es von seinen Unterdrückern zu befreien. Aber sie zielen dabei gerade nicht darauf ab, die Qualitäten des Volkes zu verbessern, seinen Lebensstil zu ändern, ihm neue Werte zu geben oder gar einen »neuen Menschen« zu schaffen. Vielmehr geht es darum, das *heartland* von Fremdbestimmung zu befreien (Mudde 2004: 546).

Definiert man Populismus als einen bestimmten Komplex von politischen Vorstellungen, die sich zu einer Ideologie verdichten oder auch nur in Form bestimmter Diskursmuster vorliegen, so folgt für die empirische Forschung daraus die Fokussierung auf einen bestimmten Typus von Daten; in erster Linie sind dies Texte, in denen die populistische Ideologie bzw. der populistische Diskurs rekonstruiert, analysiert und interpretiert werden kann, etwa in Manifesten, Wahl- und Parteiprogrammen, Reden, Aussagen, Plakaten, Debatten und Ansprachen, Slogans, Parolen, Büchern oder Social-Media-Kampagnen.

Versteht man Populismus, wie Karin Priester dies vorgeschlagen hat, indes nicht nur als Ideologie, sondern auch als einen bestimmten *Denkstil* bzw. als eine besondere *Mentalität* (Priester 2011: 190f.; dies. 2012: 95), dann weitet sich der Blick auf das Phänomen aus. Der Begriff des populistischen Denkstils bzw. der populistischen Mentalität soll erstens dem programmatisch zumeist nicht sonderlich elaborierten Charakter populistischer Parteien und Politiker Rechnung tragen, der sich auch in der an ausgefeilter Programmatik oder theorieschwerer Ideologie zumeist eher uninteressierten Anhängerschaft des Populismus spiegelt; zweitens reflektiert er, dass Populismus auch stark von einer gefühlsmäßig-affektiven und vordiskursiven Protest-, Abwehr- oder Empörungshaltung lebt, die zuweilen in ideologischen oder ideologiehaltigen Aussagen zum Ausdruck kommen mag, mit diesen aber nicht identisch ist und ihnen häufig vorausgeht; und drittens verweist er auf die milieu- oder schichtspezifische Gebundenheit dieses »populistischen« Fühlens und Denkens, die sich vor allem in der abstiegsbedrohten Mittelschicht und dem frustrierten Kleinbürgertum finde.

Für die Erforschung des Populismus bedeutet dies zunächst, mittels teilnehmender Beobachtung oder anderer qualitativ-hermeneutischer Forschungsmethoden diese lebensweltliche Seite des Populismus verständlich zu machen. Mit anderen Worten: Die populistische Ideologie ist das eine, die Lebenswirklichkeit der Anhänger populistischer Parteien und Politiker ist das andere. Von der Rhetorik populistischer Politiker und der Programmatik populistischer Parteien lässt sich nicht bruchlos auf die Einstellungen, Motive und Erwartungen ihrer Wähler und Unterstützer schließen.

Eine andere Definition von Populismus wurde vor allem mit Blick auf Erfahrungen in Lateinamerika entworfen. Dort war anders als in westlichen Demokratien nicht lediglich eine ideologisch motivierte Kritik des Establishments seitens populistischer Außenseiter-Parteien zu beobachten, sondern es kam zur Eroberung der Staatsmacht durch politische Führer, die an das Volk appellierten und seine Unterstützung suchten. Ideologisch-programmatisch verfochten sie zum Teil sehr heterogene Programme; aber was sie miteinander verband, so argumentieren jedenfalls die Vertreter dieser Populismus-Definition, war ihr Vorgehen bei der Eroberung der Macht.

Kurt Weyland hat vor diesem Hintergrund und mit Blick auf die Erforschung des lateinamerikanischen Populismus vorgeschlagen, Populismus nicht als Stil oder als Ideologie zu definieren, sondern als eine *Strategie der Machteroberung*. Ihm zufolge besteht Populismus aus dem Versuch eines ambitionierten Politikers, die Unterstützung einer nicht organisierten, sich politisch ausgeschlossen oder an den Rand gedrängt fühlenden Masse von Unzufriedenen zu gewinnen. Hauptakteur ist hierbei der Politiker als Führungsfigur selbst, der die Strukturen einer Partei oder anderer Organisationen und Institutionen in den Dienst nimmt, sich aber selbst mittels Massenmedien wie dem Fernsehen direkt an seine potenziellen Unterstützer wendet und dabei symbolisch eine persönliche Beziehung zu ihnen in Szene setzt. Die Unterstützung, die er hierbei zu erlangen sucht, ist auf seine Person als heroischer Heilsbringer bezogen und bleibt inhaltlich eher diffus, d.h., sie ist nicht an eine detaillierte politische Programmatik geknüpft. Kontur gewinnt er durch das Versprechen nationaler Wiedergeburt sowie in seinem vorgeblichen oder tatsächlichen Kampf gegen Establishment, Privilegien und Korruption (Weyland 2001: 14).

Diese Definition weist Parallelen zu Max Webers Begriff der charismatischen Herrschaft auf (Weber 1980: 140–158). Weber hatte damit einen Typus der Legitimation von Herrschaft bezeichnet, der sich durch den Glauben an die außeralltägliche Sendung und an die gleichsam übermenschlichen Fähigkeiten des Herrschers auszeichne. Er hatte darauf hingewiesen, dass sich dieser Glaube an das Außeralltägliche und Außerordentliche häufig in turbulenten Gründungssituationen finde, beispielsweise bei der Stiftung einer neuen politischen Ordnung oder einer Religion. Im nachfolgenden Alltag ist dieser Glaube aber nicht verstetigt und kann auch nicht mit den Routinen und Zwängen der Herrschaftspraxis in Einklang gebracht werden. Allerdings kann laut Weber das charismatische Legitimitätsprinzip »antiautoritär umgedeutet werden« (ebd.: 155) und sich in Form der »plebiszitären Herrschaft« eine institutionelle Struktur geben. Diese Herrschaftsform, so Weber, »besteht überall da, wo der Herr sich als Vertrauensmann der Massen legitimiert fühlt und als solcher anerkannt ist« (ebd.: 156) – also auch in modernen Demokratien.

Das transitorische Moment des Charismas hebt auch Weyland mit Blick auf den Populismus hervor. Populismus als eine Strategie des Machterwerbs sei immer transitorisch: Gelingt die Eroberung der Machtzentralen durch die direkte Unterstützung der Massen, kommen anschließend die Zwänge des Regierens zur Geltung, d.h. der Aufbau einer eigenständigen Bürokratie, die Ausbalancierung von Interessen, die Vermittlung und Willensbildung durch Parteistrukturen, die Einbindung von Elitengruppen – und der populistische Charakter der Herrschaft verblasst. Gelingt die Machteroberung hingegen nicht, so schwindet unweigerlich der Glaube an die außeralltägliche Sendung des Führers.

Weylands Ansatz trägt regionalen Spezifika lateinamerikanischer und vielleicht auch osteuropäischer Populismen Rechnung. Mit Blick auf den Populismus in westlichen Demokratien ist er indes nicht weiterführend, da erstens die Strategie einer Machteroberung, die auf die Übernahme aller »Schaltstellen der Macht« abzielt, von populistischen Parteien und Politikern hier in der Regel nicht offen verfolgt wird und durch Institutionen der Machtdiffusion – *checks and balances* – erschwert wird. Allerdings zeigen die Spitzenpolitiker aller westlichen Demokratien, insbesondere wenn sie Regierungsämter innehaben, gleichfalls die Tendenz, sich mittels der Massenmedien direkt an das Volk zu wenden – sei es in Form von Videobotschaften, Tweets, Reden, öffentlichen Auftritten, Büchern oder reich bebilderten Homestories in der Regenbogenpresse. Man kann sagen, dass dies in westlichen Demokratien ein Element, neben anderen, des Machterhalts ist.

Eine plebiszitäre Komponente ist den westlichen Demokratien also seit längerer Zeit eigen. Sie findet sich auch mit Blick auf den Machterwerb, man denke nur an die zur Kanzlerwahl, d.h. zur Direktwahl des Bundeskanzlers oder der Bundeskanzlerin umgedeuteten Bundestagswahlen in der Bundesrepublik. Sie kommen aber zumeist ohne das charismatische Element aus. Charisma findet sich auch bei den gemeinhin als populistisch bezeichneten Politikern eher selten. Unter ihnen stechen zwei andere Typen hervor: auf der einen Seite der Typus des provokanten Außenseiters oder Paradiesvogels, auf der anderen Seite der Typus des volkstümlichen oder ordentlichen Bürgers. Beide grenzen sich sichtbar vom Typus des Berufspolitikers ab, sind aber keineswegs charismatisch im Sinne Webers.

Wir haben in der Einleitung bereits darauf hingewiesen, dass der Begriff des Populismus nicht nur politisch umstritten ist, sondern auch historisch-kulturell unterschiedliche Konnotationen trägt. Das ist insofern nicht verwunderlich, da politische wie politikwissenschaftliche Begriffe zumeist politische Erfahrungen reflektieren, die sich in einem historisch und kulturell spezifischen Kontext ereignen und in diesem gedeutet werden. Das gilt auch für einen in den Vereinigten Staaten von Amerika verbreiteten Begriff von Populismus. Die »populistische Erfahrung« hat in den Vereinigten Staaten von Amerika zu einem anderen, nämlich positiveren Verständnis von Populismus geführt. Dort werden mit »Populismus« in einem für europäische Verhältnisse ungewöhnlichen Ausmaß demokratische Reformen und das Versprechen einer Verbesserung der Lebensumstände der *ordinary people* verbunden.

Für den Historiker Lawrence Goodwyn, dessen Studie über die Populisten des 19. Jahrhunderts zu den klassischen Texten der historischen Forschung über den Populismus zählt, bezeichnet Populismus eine ländlich-agrarische, von Farmern geprägte Demokratisierungs- und Reformbewegung (*populist movement*), die in die Entstehung der Populist Party mündete (Goodwyn 1976).[34] Goodwyn arbeitet insbesondere heraus, wie diese Bewegung kulturelle, regionale und kognitive Differenzen der Farmer überwand und, mittels einer Bewegungskultur sowie durch den Zusammenschluss in Handelskooperativen und Bildungsvereinigungen, kollektive Handlungsfähigkeit erlangte.

Während Goodwyn den Begriff des Populismus nur auf diese konkrete politische Bewegung bezogen hatte, wurde er später von dem zeitgenössischen Historiker Michael Kazin erweitert (Kazin 1995). Kazin versteht unter »Populismus« eine *politische Rhetorik* der Hoffnung, die in der US-amerikanischen politischen Kultur und Geschichte fest verankert sei. Sie weise zwei Komponenten auf: erstens sei sie durch eine Produzentenethik (*producer ethic*) geprägt – also das, was oben als Produktionismus bezeichnet wurde – und zweitens durch eine puritanisch geprägte Ethik. Sie richte sich gegen eine Koalition der Eliten im *big business*, vor allem der Banken und Großkonzerne, und im *big government*, vor allem in Parteiführungen sowie der Zentralregierung, und sie ergreife Partei für die *ordinary people* und die ihnen zugutekommenden Reformen. Der Bezug auf den *common man* – unter Absehung von Klassenschranken – sei hierbei konstitutiv, ebenso der Optimismus, das Gemeinwesen durch Reformen erneuern zu können. Damit stellt die populistische Rhetorik in den USA ein Äquivalent für die sozialistische Tradition in Europa dar; sie ist indes stärker christlich konnotiert und kommt ohne Klassenbegriff, Etatismus und starke Parteiführung aus. Kazin weist allerdings darauf hin, dass populistische Politik historisch eher gegen als für ethnische Minderheiten und Frauen eingesetzt wurde. Überdies wurde sie im 20. Jahrhundert mit rechten Programmatiken verbunden, hat also eine andere inhaltlich-programmatische Aufladung erfahren – so etwa in der Tea-Party-Bewegung.

Goodwyn und Kazin zeigen, dass der Populismus auf eine demokratische Tradition zurückblicken kann. Wir haben zu Anfang dieses Kapitels ebenfalls vorgeschlagen, Populismus mit Blick auf die Demokratie zu definieren, da nur in der Demokratie das Volk eine zentrale Bedeutung bei der Legitimation von Herrschaft besitzt. Dadurch wird Populismus möglich – politische Mobilisierung im Namen des Volkes. Vor diesem Hintergrund haben wir sodann den Populismus vom Faschismus und Rechtsradikalismus abgegrenzt und Definitionen des Populismus diskutiert, die in den Sozialwissenschaften vertreten werden. Diese Definitionen geben primär eine Antwort auf die Frage, *was* Populismus ist. Die Frage, *warum* er auftritt und auf Resonanz stößt, wurde dabei berührt, aber nur teilweise beantwortet. Im folgenden Kapitel wollen wir dem weiter nachgehen und uns mit Theorien über die Entstehung des Populismus auseinandersetzen.

4. Warum entsteht Populismus?

In diesem Kapitel geht es um die Entstehungsgründe des Populismus. Welche Faktoren rufen ihn hervor oder begünstigen ihn? Wodurch wird er gebremst? Wie wir im zweiten Kapitel gesehen haben, ist der Populismus durch ein ständiges Auf und Ab gekennzeichnet. Auf Phasen der Mobilisierung und des politischen Aufruhrs folgt die Phase einer Politik im Routinemodus, die dann wieder durch populistische Akteure herausgefordert wird. Verlässt man den Standpunkt des »neutralen« sozialwissenschaftlichen Beobachters und nimmt einen normativen Standpunkt ein, was beim Thema Populismus nahezu auf alle Forscher zutrifft, so will man wissen, wie dessen Attraktivität verhindert oder unter Umständen auch gefördert werden kann. Nicht zuletzt aus diesem Grund stellt die Frage nach dem *Warum* einen wichtigen Aspekt der Forschung über Populismus dar.

Im vorigen Kapitel haben wir uns mit der Frage auseinandergesetzt, was Populismus ist. Dabei ist deutlich geworden, dass in den Sozialwissenschaften unterschiedliche Konzeptionen des Populismus existieren. Ebenso wenig, wie es auf die Frage nach dem *Was* eine einvernehmliche Antwort gibt, existiert auch eine unstrittige Antwort auf das *Warum.* Das hängt zum einen mit den unterschiedlichen normativen Imprägnierungen der jeweiligen Theorien über den Populismus zusammen, die wiederum Ausdruck unterschiedlicher wissenschaftlicher Moden sowie des jeweiligen Zeitgeists sind. Beispielsweise mag eine modernisierungstheoretische Erklärung in den 1950er Jahren für viele überzeugend gewesen sein, heute erscheint sie zumindest in ihrer orthodoxen Variante als unterkomplex und normativ problematisch. Zum anderen resultieren die divergierenden Erklärungen daraus, dass je nach Forschungsinteresse und wissenschaftlicher (Sub-)Disziplin unterschiedliche Ebenen der sozialen Welt in den Blick genommen werden, die man grob als Makro-, Meso- und Mikroebene unterscheiden kann.

Auf der Makroebene geht es um gesellschaftstheoretische Erklärungen. Hier stehen vor allem Theorien sozialen Wandels im Fokus. Sie erklären die Entstehung des Populismus durch Prozesse der Modernisierung, d.h. durch beschleunigten Strukturwandel, die Entwertung von Traditionen, sozioökonomische Transformationsprozesse, Pluralisierungs- und Individualisierungstendenzen. Insbesondere die »Modernisierungsverlierer« werden, so die These, vom Populismus angesprochen. Der Populismus wird hierbei zumeist als ein rückwärtsgewandtes, gegen die fortschreitende Modernisierung gerichtetes Phänomen gedeutet, das in Zeiten gesellschaftlichen Wandels auftrete und selbst ein Übergangsphänomen darstelle.

Auf die Mesoebene zielen parteientheoretische Erklärungen. Hier steht die Entwicklung der Parteien, der wichtigsten Transmissionsriemen zwischen Gesellschaft und Staat, im Mittelpunkt. Ausgehend von der These, dass es eine Entwicklung von integrativen Volksparteien hin zu professionalisierten, aber schwach profilierten Kartellparteien gegeben hat, wird der gegenwärtige Populismus als Resultat einer Entfremdung zwischen den Parteien und Teilen des Elektorats interpretiert. Dieser Wandel des Parteiensystems eröffnet Gelegenheitsfenster für populistische Protestmobilisierung und die Gründung von populistischen Parteien.

Auf der Mikroebene sind sozialpsychologische Ansätze angesiedelt; sie geben eine Erklärung der Entstehung von autoritären und fremdenfeindlichen Einstellungen, ohne die vor allem rechtspopulistische Bewegungen nicht gedeihen können. Hier werden wir unter anderem auf die *Studien zum autoritären Charakter* eingehen, die unter der Leitung von Theodor W. Adorno entstanden sind.

Quer zu dieser Unterscheidung der drei Erklärungsebenen liegen medientheoretische Ansätze, die wir abschließend vorstellen. Zu Recht wird in der Diskussion häufig auf die Rolle der neuen internetbasierten Medien hingewiesen. Dabei stehen insbesondere die Abschottung von für einander nicht mehr offenen, hochpolitisierten Diskursräumen sowie der Verlust des Vertrauens in konventionelle Arenen der Meinungsbildung (»Lügenpresse«) im Fokus der Diskussion.

Der Überblick über die Geschichte des Populismus im zweiten Kapitel hat freilich bereits verdeutlicht, dass alle Ebenen bei der Frage nach den Entstehungsgründen nicht nur zusammengeführt werden müssen, sondern dass zwischen ihnen eine Wechselwirkung existiert, die berücksichtigt werden muss.

Bevor wir nun auf die jeweiligen Erklärungsebenen näher eingehen, soll jedoch vorweg ein zentraler Gedanke des vorigen Kapitels aufgegriffen werden: Populismus existiert nur in der Demokratie. Denn der Populismus entsteht, wenn eine kritische Masse von Bürgern den Eindruck gewinnt, dass die Versprechen der Demokratie nicht oder nur unzureichend erfüllt werden.

4.1 Die uneingelösten Versprechen der Demokratie

Der italienische Rechtsphilosoph Norberto Bobbio (1988) hat sechs nicht eingehaltene Versprechen ausgemacht, die sowohl in der Demokratietheorie als auch im Alltagsbewusstsein vieler Bürgerinnen und Bürger mit der Demokratie verbunden werden. Vier dieser Versprechen sind für die Diskussion des Populismus zentral.

Da ist zunächst das Versprechen staatsbürgerlicher Souveränität. Dieses Versprechen ist sowohl durch das Anwachsen der öffentlichen Bürokratie als auch durch den Bedeutungszuwachs privater und intermediärer Organisationen wie Parteien, Gewerkschaften, Berufs- und Lobbyistenverbände ausgehöhlt worden. Der einzelne Staatsbürger besitzt außerhalb einer Zugehörigkeit zu diesen Organisationen nur einen verschwindend kleinen Teil der Souveränität, nämlich die der Stimmabgabe. Und auch innerhalb dieser sozialen Gruppierungen bestehen Hierarchien, denen sich das Individuum unterwirft. Zweitens ist das Versprechen, der »oligarchischen Macht ein Ende zu bereiten« (Bobbio 1988: 17), nicht eingelöst worden. Auch in den etablierten Demokratien geht es nicht um die Abwesenheit von Eliten, sondern lediglich darum, dass sie sich nicht mit Gewalt aufdrängen, sondern sich, zumindest gilt dies für einige von ihnen, dem Konkurrenzkampf um die Wählerstimmen stellen. Drittens ist das Versprechen, die »unsichtbare Macht« zu beseitigen, bis heute enttäuscht worden. Zwar sind im demokratischen Rechtsstaat Geheimdienste und Armeen prinzipiell der parlamentarischen Kontrolle unterworfen, und auch die Transparenz staatlichen Handelns ist in Demokratien höher als in anderen politischen Systemen, doch selbst hier bleibt ein Rest von Unsichtbarkeit staatlichen Handelns – was bisweilen Anlass zu Verschwörungstheorien gibt. Als ein weiteres nicht eingehaltenes Versprechen der Demokratie nennt Bobbio die demokratische Kontrolle der Wirtschaft und der Bürokratie.

Bobbio hat sicher recht mit der Annahme, dass diese Versprechen der Demokratie immer nur unvollständig verwirklicht werden können. Gleichwohl ist es immer auch eine Frage des Grades der Abweichung zwischen demokratischem Ideal und politischer Wirklichkeit, die darüber entscheidet, ob es zu populistischen Erhebungen kommt. Es scheint zumindest innerhalb demokratischer Regime eine historisch variable Schwelle zu geben, ab der sich die Unzufriedenheit eines großen Teils der Bürgerschaft nicht mehr in den etablierten Kanälen der repräsentativen, gewaltenteiligen Demokratie artikuliert, sondern sich andere, nämlich populistische Wege sucht. Das ist auch der Tenor eines wichtigen Artikels der englischen Politikwissenschaftlerin Margaret Canovan (1999).

Canovan verweist auf zwei Politikmodi innerhalb der liberalen Demokratie, die sie mit den Begriffen *pragmatic* und *redemptive* (erlösend) umschreibt und zu einem Zwei-Säulen-Modell ausbaut. Die pragmatische Säule ist durch einen eher elitären Politikmodus des Interessenausgleichs gekennzeichnet, die erlösende Säule hingegen verweist auf das Ideal der Volkssouveränität und der damit verbundenen Norm der politischen Gleichheit. Zur pragmatischen Säule gehören die Institutionen der liberalen Demokratie, also das Prinzip der Repräsentation, der Rechtsstaatlichkeit sowie der Gewaltenteilung. Daher kann man diese Säule auch mit der liberalen Idee des Konstitutionalismus gleichsetzen. Die Kernanliegen des Konstitutionalismus sind der Minderheitenschutz und die Sicherung des Status quo; zu diesem Zweck filtert und bremst er die Volkssouveränität. Die pragmatische Säule steht für Moderation und Stabilität, die erlösende dagegen für Spontaneität, Unmittelbarkeit und die Aufhebung von Entfremdungserfahrungen. Letzteres sind Ideale, die sich zwar aus den Prinzipien der Volkssouveränität und der politischen Freiheit ergeben, die in der modernen Demokratie aber immer nur unzureichend erfüllt werden.

Canovan argumentiert, dass sich populistische Erhebungen dann ereignen, wenn die pragmatische Säule überhandnimmt und viele Bürger den Eindruck gewinnen, dass die Versprechen der Demokratie kaum noch eingehalten werden. Doch nicht nur dies, für Canovan bedarf eine pragmatisch ausgerichtete Politik in einer Demokratie notwendig des Ausgleichs durch eine Politik, die die demokratischen Versprechen aktualisiert, ansonsten würde sie zu Recht an Unterstützung verlieren: »It can be plausibly argued, then, that at least some degree of redemptive democracy's promise of salvation is actually necessary to lubricate the machinery of pragmatic democracy, and that if it is not present within the mainstream political system it may well reassert itself in form of a populist challenge.« (Canonvan 1999: 11) So verstanden ergibt sich der Populismus aus den Struktureigenschaften der modernen Demokratie: Einerseits ist sie Volksdemokratie und verspricht politische Freiheit und Gleichheit, andererseits gibt es in ihr die Notwendigkeit einer pragmatischen Politik und eine liberale Begrenzung des Willens des Volkes.

Das Zwei-Säulen-Modell Canovans ist nicht unwidersprochen geblieben. Karin Priester kritisiert erstens den Formalismus dieses Modells, denn »nicht jeder Ruf nach mehr oder direkter Demokratie ist per se ein nützliches Korrektiv zum Pragmatismus der politischen Eliten« (2012: 50). Zweitens wirft sie Canovan eine Idealisierung des Volkes und eine zu simple Dichotomie zwischen Volk und Eliten vor. Allerdings handelt es sich dabei um normative Kritikpunkte, die den analytischen Ertrag der Unterscheidung nicht mindern.[35]

Unseres Erachtens ist es durchaus überzeugend, Populismus als Ausdruck einer kollektiven Enttäuschungserfahrung zu deuten, wie es Canovan nahelegt. Er entsteht dann, wenn die Kluft zwischen den Versprechen der Demokratie und den realdemokratischen Verhältnissen zu groß wird. Das wird auch aus einer anderen Perspektive bestätigt. Max Scheler hat in einer noch heute lesenswerten Abhandlung aus dem Jahr 1912 darauf verwiesen, dass soziale Ressentiments vornehmlich in jenen Gesellschaften auftreten, die zwar formal Gleichheit behaupten, de facto aber weiterhin von starken sozialen Hierarchien geprägt sind. Das entsprechende und völlig zutreffende Argument verdient es, ausführlich zitiert zu werden: »Soziologisch folgt [...], daß sich um so größere Mengen dieses seelischen Dynamites [gemeint ist das Ressentiment, D.J., V.S.] bilden werden, je größer die *Differenz* ist zwischen der politisch verfassungsmäßigen oder der ›Sitte‹ entsprechenden Rechtsstellung und öffentlichen Geltung der Gruppen – und ihren *faktischen* Machtverhältnissen. [...] Die äußerste Ladung von Ressentiment muß demnach eine solche Gesellschaft besitzen, in der, wie in der unsrigen, ungefähr gleiche politische und sonstige Rechte resp. öffentlich anerkannte, formale soziale Gleichberechtigung mit sehr großen Differenzen der faktischen Macht, des faktischen Besitzes und der faktischen Bildung Hand in Hand gehen.« (Scheler 1955: 43, Herv. i. O.)

Scheler, auf dessen Theorie des Ressentiments wir weiter unten noch eingehen werden, bleibt jedoch nicht bei der Feststellung dieses Zusammenhangs stehen; er liefert auch einen Hinweis auf jene sozialen Strukturen, die dem Ressentiment entgegenwirken könnten. Wenn man nämlich aus guten Gründen nicht eine gesellschaftliche Ordnung restaurieren möchte, die von einer vermeintlich »natürlichen Hierarchie« zwischen den Menschen und sozialen Gruppen ausgeht, bleibt nur die Vollendung der Demokratie: »In einer nicht nur politischen, sondern auch sozialen, auf Besitzgleichheit hin tendierenden Demokratie wäre zum mindesten das soziale Ressentiment gering.« (ebd.: 43)

4.2 Opfer der Modernisierung?

In jüngeren Debatten ist oftmals von »Modernisierungsverlierern« als derjenigen Gruppe die Rede, die Populisten vornehmlich mobilisieren können. Die Rede von den »Modernisierungsverlierern« knüpft damit an ein zentrales Ergebnis der Forschung zu den verschiedenen historischen Varianten des Populismus an, dass es nämlich vorwiegend in jenen Zeiten zu »populistischen Momenten« kommt, die durch einen rapiden Strukturwandel geprägt sind, insbesondere mit Blick auf die ökonomischen Verhältnisse. Es ist jedoch umstritten, ob tatsächlich vorwiegend jene Menschen populistische Parteien wählen, die ökonomisch durch Modernisierungsprozesse verloren haben. Mit Blick auf die Wähler von Trump wird etwa darauf verwiesen, dass diese über ein deutlich höheres Durchschnittseinkommen verfügen als diejenigen, die Hillary Clinton gewählt haben. Oder aber es wird mit Blick auf die PEGIDA-Bewegung der Jahre 2014 bis 2016 der vergleichsweise hohe durchschnittliche Bildungsgrad der Demonstranten hervorgehoben. Ein weiteres verbreitetes Argument lautet, dass sich der Rechtspopulismus gerade in Ländern wie Österreich oder Dänemark als stark erweise, in denen es, im Unterschied zu Spanien oder Griechenland, gerade nicht zu großen ökonomischen Verwerfungen gekommen sei (Blühdorn/Butzlaff 2017). Die Konsequenz dieser Argumentation ist: die »Modernisierungsverlierer« seien gar nicht die Kernwählerschaft rechtspopulistischer Parteien. Dazu an dieser Stelle drei Anmerkungen.

Erstens sollte man immer auch die nationalen Pfadabhängigkeiten und Besonderheiten beachten, mit Blick auf die USA etwa das Wahlsystem oder in Österreich und Dänemark die politische Kultur. Zweitens zeigt sich zwar in der Tat, dass die Rechtspopulisten in den USA und vielen europäischen Staaten vornehmlich nicht von jenen Menschen gewählt werden, die zu den »Ausgeschlossenen« (Bude 2008) gehören, also jenen Menschen, die von Sozialleistungen leben. Diese soziale Gruppe hat sich größtenteils von demokratischen Praktiken verabschiedet (vgl. Schäfer 2015). Bei der Kernwählerschaft rechtspopulistischer Parteien handelt es sich vielmehr um die untere Mittelschicht, also um Menschen, die über keine Hochschulabschüsse verfügen und nicht in den urbanen Zentren leben.[36] Inwieweit es angemessen ist, von den Rechtspopulisten als den neuen »Arbeiterparteien« zu sprechen, ist sicherlich diskussionswürdig. Gleichwohl zeigt sich im europäischen Vergleich ein deutlicher Zusammenhang: Je niedriger der Bildungsabschluss, umso wahrscheinlicher ist die Stimmabgabe für rechtspopulistische Parteien (vgl. de Vries/Hoffman 2016).[37] Und mit Blick auf diese Bevölkerungsgruppe lässt sich durchaus argumentieren, dass sie von der Digitalisierung der Arbeitswelt, der zunehmenden Bedeutung der englischen Sprache im Beruf oder auch durch Einwanderungsprozesse anders herausgefordert ist als Menschen, die über Hochschulabschlüsse verfügen. Drittens kann man nicht nur ökonomisch, sondern auch kulturell durch Modernisierungsprozesse verlieren. Und zwar dann, wenn die eigenen Überzeugungen über die Geschlechterrollen, über gutes Essen, über Anständigkeit oder auch darüber, was »ehrliche« Arbeit sei, unzeitgemäß werden. Dies kann so weit gehen, dass ganze Lebensstile unter Druck geraten und abgewertet werden (vgl. Reckwitz 2019). Kulturell verlieren kann man auch, wenn man sich durch Prozesse der Gentrifizierung genötigt sieht, das angestammte Wohnungsumfeld zu verlassen oder sich in »seiner« Stadt schlichtweg nicht mehr heimisch fühlt.

Doch was heißt eigentlich »Modernisierung«? Und warum spricht man von »Modernisierungsverlierern«? Um das zu erläutern, werden wir im Folgenden zunächst auf zwei theoretische Paradigmen eingehen, die sich zwar in ihrer politischen Ausrichtung fundamental unterscheiden, zugleich aber die Annahme teilen, dass Gesellschaften sich dynamisch von traditionellen hin zu modernen Strukturen fortentwickeln. Gemeint ist einerseits eine zentrale Prämisse des Historischen Materialismus und dessen Konkretisierung in der Marx'schen Bonapartismustheorie, andererseits geht es um liberale Modernisierungstheorien und deren Kritik des Populismus.

Karl Marx und Friedrich Engels diagnostizieren eine von der Entwicklung der Produktivkräfte ausgelöste gesellschaftliche Dynamik, die die gesellschaftlichen Verhältnisse verändert, zerstört und auf die nächsthöhere Stufe hebt. Daraus ergibt sich die bekannte Stufenfolge des Fortschritts von Stammesgesellschaften über Sklavenhaltergesellschaften, den Feudalismus und den Kapitalismus, bis schließlich mit dem Kommunismus das Endziel der Geschichte erreicht ist. Der Modernisierungsschritt vom Feudalismus hin zum Kapitalismus wird von Marx und Engels in einer berühmten Passage des *Kommunistischen Manifests* (1848) wie folgt beschrieben: »Alle festen eingerosteten Verhältnisse mit ihrem Gefolge von altehrwürdigen Vorstellungen und Anschauungen werden aufgelöst, alle neugebildeten veralten, ehe sie verknöchern können. Alles Ständische und Stehende verdampft, alles Heilige wird entweiht, und die Menschen sind endlich gezwungen, ihre Lebensstellung, ihre gegenseitigen Beziehungen mit nüchternen Augen anzusehen.« (Marx/Engels 1848: 465) Doch fällt es vielen Menschen offenbar schwer, die gesellschaftlichen Verhältnisse mit »nüchternen Augen anzusehen« und den zur Verwirklichung des Fortschritts notwendigen Entwicklungssprung zu einer höher entwickelten Gesellschaftsform zu vollziehen. Vielmehr versuchen sie, ihre Privilegien und die jeweiligen Partikularinteressen zu verteidigen. Zu welchen politischen Verwerfungen dies führen kann, hat Marx in seiner Bonapartismustheorie analysiert.

In *Die Klassenkämpfe in Frankreich* (1850) sowie insbesondere in *Der achtzehnte Brumaire des Louis Bonaparte* (1852) beschäftigt sich Marx mit der Frage, warum die bürgerliche Revolution in Frankreich mit Louis Bonaparte, der sich 1852 zu Napoleon III. krönen ließ, in eine autoritäre Herrschaft umkippte – warum also die historische Dynamik nicht zur nächsten Entwicklungsstufe führte.

Die Analyse im *Brumaire* ist methodisch bemerkenswert, weil Marx hier einen akteurszentrierten Ansatz verfolgt, mit dem er sich nicht nur von einem naiven Geschichtsdeterminismus distanziert, sondern auch den Eigensinn politischer Prozesse betont (vgl. Brunkhorst 2007: 166–175). Marx schildert, dass in den Jahren von 1848 bis 1852 das liberale Bürgertum angesichts der Bedrohung durch das städtische Proletariat zunehmend bereit war, seine parlamentarische Herrschaft zugunsten der von Bonaparte geführten Exekutive aufzugeben. Das liberale Bürgertum hatte sich gewissermaßen in die Arme des autoritären Herrschers geworfen. Doch dessen Machtübernahme beruhte nicht allein auf der Selbstaufgabe der Bourgeoise – und das ist für unseren Zusammenhang entscheidend. Er wurde von zwei weiteren Klassen gestützt, und zwar voller Inbrunst. Da war zunächst jene Ansammlung von Menschen, die Marx als das »Lumpenproletariat« bezeichnet, die »ganze unbestimmte, aufgelöste, hin und hergeworfene Masse, die die Franzosen la bohème nennen« (Marx 1852: 161). Entscheidend für den Erfolg von Bonaparte bei den Präsidentschaftswahlen von 1848 und dem Plebiszit zur Wiederherstellung des Kaisertums im Jahr 1852 war jedoch die Klasse der Parzellenbauern. Diese stellt in einer berühmten Unterscheidung, die sich wörtlich jedoch nicht bei Marx findet, zwar eine »Klasse an sich«, jedoch keine »Klasse für sich« dar, d.h., sie waren nicht in der Lage, ihre Interessen selbst zu artikulieren, waren also kollektiv nicht handlungsfähig: »Die Parzellenbauern bilden eine ungeheure Masse, deren Glieder in gleicher Situation leben, aber ohne in mannigfache Beziehung zueinander zu treten. [...] Sie sind daher unfähig, ihr Klasseninteresse im eigenen Namen, sei es durch das Parlament, sei es durch einen Konvent geltend zu machen. Sie können sich nicht vertreten, sie müssen vertreten werden. Ihr Vertreter muß zugleich als ihr Herr, als eine Autorität über ihnen erscheinen, als eine unumschränkte Regierungsgewalt, die sie vor den andern Klassen beschützt und ihnen von oben Regen und Sonnenschein schickt.« (ebd.: 198 f.)

Diese Passage ist aus zwei Gründen erhellend. Erstens führt Marx zufolge die mangelnde Organisationsfähigkeit der Parzellenbauern zu Gefühlen der Ohnmacht – und in der Konsequenz zur Hinwendung zu starken, mythisch überhöhten Männern. Auf diesen psychologischen Mechanismus werden wir weiter unten noch ausführlicher eingehen. Zweitens verweist Marx mit der bissigen Formulierung vom Herrn, der »von oben Regen und Sonnenschein schickt«, auf die ökonomischen Sorgen der Bauern, die diese nicht eigenständig bewältigen können, wodurch sie dem Autoritarismus in die Hände getrieben werden. Hintergrund sind die gesellschaftlichen Transformationsprozesse, die in der Folge der Französischen Revolution und der damit einhergehenden Landreformen immer mehr Bauern ins Elend stürzten, und zwar durch Prozesse der Überschuldung und Kapitalkonzentration. Marx schildert damit eine Entwicklung, die auch für die Entstehung des Populismus in den USA ursächlich war. Wenn man Modernisierung als einen Prozess der gesellschaftlichen Transformation versteht, in dessen Verlauf es Gewinner und Verlierer gibt, so ist das Typische des autoritären Populismus darin zu sehen, dass dieser zwar überwiegend von den Verlierern der Modernisierung gestützt wird, er aber wesentlich darauf beruht, dass auch Teile der Profiteure des sozialen Wandels, hier die Bourgeoisie, der autoritären Versuchung nicht widerstehen können.

Marx skizziert eine heute noch größtenteils überzeugende Erklärung für die Etablierung von autoritären Regimen, die sich auf plebiszitäre Elemente stützen. Die Bonapartismustheorie liefert nicht nur einen Beitrag zum Verständnis der starken Rolle von Führungspersonen innerhalb populistischer Parteien, mit ihr lässt sich auch der Umschlag von demokratischen in autoritäre Regimeformen, wie er sich momentan in Ungarn und in Polen beobachten lässt, nachvollziehen. Gleichwohl hat sie zwei Schwächen, wenn man sie als eine allgemeine Populismustheorie begreifen will: Sie ist zu sehr auf den Wandel zu einem autoritären Regime fixiert und kann deshalb nicht jene Form eines stärker demokratieaffinen Populismus erfassen, wie sie gegenwärtig in Westeuropa vorherrscht, aber auch den klassischen Populismus in den USA kennzeichnete. Ihre zweite Schwäche ist ein ökonomischer Determinismus; trotz seiner akteurstheoretischen Fundierung unterstellt Marx einheitliche kollektive Interessen, die sich aus der jeweiligen ökonomischen Stellung ergeben. In der Konsequenz erscheinen kulturelle Faktoren lediglich als eine abhängige Variable. An dieser Stelle setzen liberale Modernisierungstheorien an.

Die liberale Modernisierungstheorie entstand in den 1950er und 1960er Jahren. Autoren wie Daniel Lerner (1958), Seymour Martin Lipset (1960), Karl W. Deutsch (1961) und Sidney Verba (1964) verstanden Modernisierung als einen Prozess hin zu Kapitalismus und Demokratie. Gerade in der Kombination aus Kapitalismus und Demokratie bestehe die fortschrittlichste und stabilste Politik- und Gesellschaftsform. Ein fortgeschrittener Grad an wirtschaftlicher Entwicklung führe zu liberaldemokratischen Strukturen, welche sich wiederum positiv auf die wirtschaftliche Dynamik auswirken würden –, so dass sich ab einer bestimmten Schwelle Marktwirtschaft und Demokratie wechselseitig stabilisieren.[38] Diese These passte wie maßgeschneidert auf die westlichen Demokratien nach dem Zweiten Weltkrieg, die dergestalt als Spitze des Fortschritts beschrieben wurden. Damit hatte die liberale Modernisierungstheorie einen, wie Hans Joas und Wolfgang Knöbl hervorheben (Joas/Knöbl 2004: 433), klaren politischen Nutzen. Denn mit ihr lag im Kalten Krieg nicht nur ein alternatives Theorieangebot zu marxistischen Ansätzen vor, sie konnte auch politisch zur Eindämmung des Einflusses der Sowjetunion in der Dritten Welt eingesetzt werden. Die Hoffnung war, eine Art politischen Instrumentenkasten zu gewinnen, mit dem die Entwicklung hin zur liberalen Demokratie und Marktwirtschaft befördert werden konnte. Die Modernisierungstheoretiker fragten, welche gesellschaftlichen, technischen wie auch kulturellen Faktoren diese Entwicklung begünstigen und welche sie behindern. Fünf Thesen waren dabei zentral:[39]

1. Modernisierung stelle einen globalen Prozess dar, der ausgehend von Europa und Nordamerika zunehmend alle Gesellschaften erfasse und wesentlich in der Ausdifferenzierung gesellschaftlicher Funktionssysteme, etwa zwischen Politik, Ökonomie und Religion, bestehe.
2. Die historische Entwicklung erfolge von traditionellen hin zu modernen Gesellschaften und sei unumkehrbar.
3. In traditionellen Gesellschaften existierten spezifische Hindernisse der Modernisierung. Darunter wurden vor allem kulturelle Faktoren wie Rollenmuster und Wertmuster, aber auch überlieferte Praktiken wie Korruption verstanden.
4. Moderne Gesellschaften seien demgegenüber durch individuelle Leistungsorientierung sowie die Überwindung partikularistischer Moralvorstellungen zugunsten universeller Werte charakterisiert. Eine Besonderheit bestehe in der Entwicklung »funktional-spezifischer Rollenmuster« (ebd.: 431): moderne

Menschen könnten sich tagsüber als strenge Vorgesetzte, abends und am Wochenende aber als liebevolle Familienmenschen erfahren.

5. Sozialer Wandel würde in allen Gesellschaften »relativ uniform und linear« (ebd.) erfolgen, wenn dieser Wandel nicht durch die in der dritten These genannten Faktoren blockiert werde.

Empirisch wurde erforscht, welche traditionellen Strukturen – etwa Rollenerwartungen und Weltbilder – der Entwicklung zur liberalen Demokratie im Wege stehen, praktisch wurde danach gefragt, wie diese »Entwicklungshindernisse« überwunden werden könnten. Dabei setzte man auf ökonomische Prosperität, bemühte sich aber zugleich um die Durchsetzung westlich-moderner Überzeugungen und Institutionen. Und das galt nicht nur hinsichtlich der sogenannten Entwicklungsländer, sondern auch mit Blick auf die liberalen Demokratien des Westens. Denn dort bestehe die Gefahr von Entwicklungsblockaden.

Aus der Perspektive der liberalen Modernisierungstheorie stellt der Populismus eine solche Blockade dar. Er bedeute einen Rückfall in ein vormodernes und mithin unterkomplexes Demokratieverständnis, welches sich gegen die intermediären Institutionen der liberalen Demokratie richte. Edward A. Shils, ein weiterer Vertreter der Modernisierungstheorie, unterstreicht: »Populism proclaims that the will of the people as such is supreme over every other standard, over the standard of traditional institutions, over the autonomy of institutions and over the will of other strata. Populism identifies the will of the people with justice and morality.« (Shils 1956 zitiert in Knöbl 2016: 11–12) Vier Merkmale seien besonders charakteristisch für den Populismus: Misstrauen gegenüber Politikern, Bürokratiekritik, Anti-Intellektualismus und Demagogie. Der liberalen Modernisierungstheorie entstammt also eine Definition und Deutung des Populismus, wie sie auch heute noch gebräuchlich ist. Im Kern artikuliert sich in ihr eine Angst vor vermeintlicher Entdifferenzierung, Rückschrittlichkeit und Mehrheitstyrannei, wie sie für das liberale Denken grundlegend ist.

Die Theoretiker der Modernisierung verorteten Populismus sozialstrukturell bei den unteren Schichten. So macht Lipset (1960: 160) die Anhängerschaft des Populismus vor allem in absteigenden »liberal classes living in declining areas« aus, die auf dem Land und in kleinen, provinziellen Städten lebten.[40] Daraus ist unschwer die Hoffnung abzulesen, dass bei entsprechender wirtschaftlicher Dynamik eine derartige Abwärtsbewegung ausbleibt und sich liberale Werteinstellungen in der Folge stabilisieren; eine Hoffnung, die mit Blick auf die USA nur teilweise aufgegangen ist, stützte sich doch der Populismus von George C. Wallace noch in den späten 1960er Jahren wesentlich auf die unteren Schichten.

Es ist hier nicht der Ort, um die modernisierungstheoretischen Annahmen im Detail zu diskutieren. Wichtig ist aber, dass sie Ende der 1960er Jahre nur noch von wenigen Sozialwissenschaftlern als überzeugend angesehen wurden; zu offensichtlich waren die ideologischen Anteile, zu problematisch war die normative Unterscheidung zwischen rückständigen, traditionellen Gesellschaften einerseits und den fortschrittlichen, modernen liberalen Demokratien, die als erstrebenswert angesehen wurden, andererseits. Zudem zeigt sich bei näherem Hinsehen, dass die strikte Unterscheidung zwischen traditionellen und modernen Gesellschaften nicht haltbar ist; gibt es doch auch in als modern eingestuften Gesellschaften viele traditionelle Strukturen, man denke hier nur an die stark verbreitete Religiosität in den USA oder auch an die starren Geschlechterhierarchien, die in den 1950er und 1960er Jahren alle westlichen Demokratien kennzeichneten.

Trotz dieser berechtigten Kritik liefert die Modernisierungstheorie, wenn man ihre normativen Annahmen ausklammert, immer noch einen wichtigen Bezugspunkt bei der Suche nach den Ursachen des Populismus. Denn auch unabhängig von der Bewertung der Modernisierungsprozesse bleibt die Tatsache bestehen, dass Populismus zumeist als Reaktion auf die Erfahrung eines beschleunigten sozialen Wandels entsteht. Gerade deshalb wird der Populismus von der Modernisierungstheorie auch kritisiert: Er stellt sich dem weiteren Fortschritt entgegen. In »populistischen Momenten« fühlen sich viele vom Tempo der gesellschaftlichen Veränderung verunsichert; sie finden sich in den neuen Zeiten nicht mehr zurecht und befürchten den Verlust ihrer ökonomischen Grundlagen oder gar ihrer ganzen Lebensform.

Im zweiten Kapitel haben wir uns implizit auf modernisierungstheoretische Annahmen gestützt, da wir die populistischen Erhebungen auf gesellschaftliche Veränderungsprozesse zurückgeführt haben. Mit Blick auf das *populist movement* Ende des 19. Jahrhunderts in den USA waren es vor allem wirtschaftliche Dynamiken, die die Existenzgrundlagen der Kleinbauern bedrohten. In Lateinamerika waren es vornehmlich die Landflucht und die Konzentration der unteren Schichten in den urbanen Zentren, welche zu einer populistischen Mobilisierung führten, und auch der Poujadismus stellte eine Reaktion auf einen gesellschaftlichen Strukturwandel dar. Die jüngste Welle des Populismus in Europa lässt sich ebenfalls als eine Reaktion auf Modernisierungsprozesse deuten, die entsprechenden Phänomene sind hier Globalisierung, Wandel der Arbeitswelt, Digitalisierung, Beschleunigung und die Denationalisierung politischer Entscheidungen. Begleitet wurden und werden diese Modernisierungsprozesse von einem Wandel hin zu postmateriellen sowie liberalen Werten und Einstellungsmustern. Doch dieser Wertewandel – der in ganz unterschiedlichen Phänomenen wie der rechtlichen Gleichstellung homosexueller Lebensgemeinschaften, einer Kritik autoritärer Institutionen oder auch in weniger formellen Umgangsformen und Kleidungsstilen zum Ausdruck kommt – wird nicht von allen Bürgerinnen und Bürgern westlicher Demokratien gleichermaßen begrüßt. Hinzu kommt, dass diese nicht über die gleichen ökonomischen wie kulturellen Ressourcen verfügen, um den neuen Verhältnissen zu begegnen.

Der Politikwissenschaftler Hanspeter Kriesi diagnostiziert vor diesem Hintergrund die Entstehung einer neuen Konfliktlinie (*cleavage*) in westlichen Demokratien: sie verlaufe zwischen »Modernisierungsgewinnern« und »Modernisierungsverlierern« (Kriesi 2010). Auf der einen Seite stehen jene Menschen, die die ökonomische Globalisierung und kulturelle Liberalisierung als Chance sehen, viel international unterwegs sind, postmaterialistische Werte vertreten und über hohe Bildungsabschlüsse verfügen. Auf der anderen Seite befinden sich jene, deren Schulbildung eher gering ist, die materialistische Werte vertreten und mit Gender Mainstreaming wenig anfangen können. Sie fühlen sich von den neuen Zeiten bedroht und streben eine Rückkehr zu den alten Zeiten mit ihren vermeintlichen Gewissheiten an. Auf der Seite der »Modernisierungsverlierer« befinden sich zwar viele Angehörige der unteren Mittelschicht und der Arbeiterschicht, tatsächlich können sich aber auch jene von den neuen Zeiten bedroht fühlen, die sichere Arbeitsplätze oder auch relativ gut laufende Kleinunternehmen besitzen. Man kann durch gesellschaftlichen Wandel nämlich nicht nur ökonomisch, sondern auch kulturell verlieren.

Diese These vertritt auch René Cuperus. Für ihn stellt der Populismus in Westeuropa aber »hauptsächlich ein kulturelles Phänomen« dar. Er führt weiter aus: »Der Populismus ist keine Bewegung der Armen, sondern eine der unteren Mittelschicht in wohlhabenden Gesellschaften. Insofern ist der Populismus der Kampf um ein verlorenes Paradies.« (Cuperus 2015: 153)[41] Der Politikwissenschaftler Paul Taggart hat für dieses vermeintlich verlorene, imaginierte Paradies den Begriff des *heartlands* geprägt.

Das *heartland* lässt sich zunächst einmal geografisch verorten. Es ist jener Teil des Landes, in dem die »normalen Menschen« leben. In den USA wären dies die sogenannten *flyover states*: der nordöstlich gelegene *rust belt*, der *bible belt* in den Südstaaten oder auch insgesamt der Mittlere Westen. Es handelt sich um Bundesstaaten jenseits der urbanen Zentren der Ost- und der Westküste, die stark von *professionals* wie Anwälten, Wissenschaftlern oder Werbefachleuten geprägt sind, also jenen Menschen, die den oben beschriebenen Wertewandel aktiv vorantreiben. Mit dem *heartland* wird ein davon unterschiedener, irgendwie »authentischer« Lebensstil verbunden. Die Menschen dort leben, in ihrer Selbstwahrnehmung, von »ehrlicher Arbeit« und nicht von undurchschaubaren Finanzspekulationen oder Tätigkeiten, die stark symbolischer Natur sind. Eine ähnliche, wenn auch nicht ganz so scharfe Entgegensetzung lässt sich auch in Europa beobachten, etwa in Frankreich, wo sich das politische, wirtschaftliche und kulturelle Leben sehr stark auf Paris konzentriert.[42] Doch es ist, wie Taggart unterstreicht, nicht allein der sozialräumliche Gegensatz zu den urbanen Zentren, der das heartland auszeichnet. Das *heartland* ist auch ein Sehnsuchtsort, ein Traum von einer besseren Vergangenheit: »The heartland is different from ideal societies or utopias because it sees populists casting their imaginative glances backwards in an attempt to construct what has been lost by the present.« (Taggart 2000: 95)

Der Populismus ist damit – und darin unterscheidet er sich, wie gezeigt, vom Faschismus – eine rückwärtsgewandte Bewegung. Karin Priester spricht daher auch zu Recht von »einer liberalkonservativen Mentalität«[43] des Populismus. Diese stellt zwar die »Begleiterscheinungen der Modernisierung an den Pranger« (Priester 2007: 217), setzt ihnen aber keine grundlegende Alternative entgegen. Eine gewisse Tragik des Populismus ist zudem darin zu sehen, dass sich diese vermeintlich bessere Vergangenheit nicht nur nicht wiederherstellen lässt, sondern in ihrer Perfektion auch gar nicht existiert hat.

Eine Begleiterscheinung der Modernisierung ist für die Entstehung des aktuellen Populismus in den westlichen Demokratien zentral: die Individualisierung.[44] Individualisierung bedeutet in diesem Zusammenhang: Der Prozess der Modernisierung löst nahezu alles in Entscheidungen auf. Alles kann als ein Ergebnis von einzelnen oder kumulierten Entscheidungen beschrieben werden – von der Karriereplanung über die Partnerwahl bis hin zur Geschlechtsidentität. Identitäten und Institutionen werden damit als bewusst veränderbar und als veränderlich erfahren. Die Individuen sind nun gezwungen, ihre eigene Identität und ihre Lebensbiografie als Ergebnis individueller Entscheidungen anzusehen, zu rechtfertigen und gegebenenfalls an sich wandelnde Umstände anzupassen. Damit sind vor allem für diejenigen, die wendig und flexibel sind, Chancen verbunden. Wer hingegen an Traditionen festhält und Veränderung eher fürchtet, gerät unter Druck – sei es, weil die Rechtfertigung des Alten nicht mehr gelingt, sei es, weil der überlieferten Lebensweise der Boden entzogen wird. Populismus ist daher auch eine Reaktion auf die Individualisierung und ihre eingebildeten oder tatsächlichen Zumutungen. Er setzt sich für den Erhalt oder die Wiederherstellung vermeintlich sicherer Kollektividentitäten und Lebensformen ein. Und er plädiert gleichsam dafür, kollektiv zu entscheiden, nicht mehr so viel entscheiden zu müssen.

Ein weiterer Effekt von Individualisierung ist die Erosion des Vertrauens in Institutionen. Kaum bestreiten lässt sich, dass zentrale Institutionen nicht mehr den Vertrauensvorschuss genießen, den sie einst genossen haben. Mit Blick auf Schulen und Krankenhäuser hegen viele Eltern und Kranke nicht mehr die Erwartung, diese beiden Institutionen würden jedem und jeder die bestmögliche Behandlung und Erziehung angedeihen lassen. Vielmehr verbreitet sich die Ansicht: Wer will, dass seine Angehörigen gut behandelt und seine Kinder gut beschult werden, der muss sich selbst darum kümmern, etwa indem er auf die Lehrer einwirkt, die Hausaufgaben mit den Kindern gemeinsam erledigt oder sich eigenständig über Behandlungsmöglichkeiten von Krankheiten und deren Risiken informiert. Dieser Vertrauensverlust trifft auch die Institutionen der Demokratie, insbesondere das Parlament und die Parteien. Viele Bürgerinnen und Bürger misstrauen beiden. Und sie sind der Meinung, dort würden schlechte politische Entscheidungen getroffen – da der Stimme der Bürgerinnen und Bürger nicht hinreichend Gehör geschenkt werde. Der Populismus stellt insofern eine Reaktion auf den Verlust des Vertrauens in Institutionen dar. Anhand des Parteiensystems lässt sich zeigen, dass dieser Verlust mit einem realen Wandel der Parteien zusammenhängt.

4.3 Der Wandel des Parteiensystems

Gesellschaftliche Transformationsprozesse machen sich auch auf institutioneller Ebene bemerkbar. Das lässt sich ganz deutlich beim Prozess der Supranationalisierung und der Institutionalisierung neuer Formen einer postnationalen Governance beobachten, etwa im Mehrebenensystem der EU sowie in einer Vielzahl transnationaler Regime. Aber auch die Parteiensysteme in westlichen Demokratien haben sich in den vergangenen drei Jahrzehnten verändert. Das hervorstechendste Merkmal dieses Transformationsprozesses ist die Entstehung populistischer Parteien. Einige Ansätze der Populismusforschung gehen davon aus, dass dies auch eine Reaktion auf die Entwicklung der etablierten Parteien darstellt. Dabei lassen sich zwei Thesen über die Parteientransformation unterscheiden: zum einen würden die politischen Parteien immer mehr mit dem Staat verschmelzen, zum anderen seien sie sich immer ähnlicher geworden.

Die erste Auffassung wird prominent von Richard S. Katz und Peter Mair vertreten. In einem viel diskutierten Aufsatz aus dem Jahr 1995 stellten sie die These von der Entstehung eines neuen Parteientyps auf, der Kartellpartei. Diese sei an die Stelle der *catch-all party* getreten, die im deutschen Sprachraum auch als Volkspartei geläufig ist. Der Typus der Kartellpartei teilt zwar mit der *catch-all party* die ideologische Enthaltsamkeit und Orientierung an der Mitte, um für möglichst viele Bürger als wählbar zu erscheinen. Doch er unterscheidet sich durch vier Merkmale: Erstens sind Kartellparteien zunehmend Teil des Staatsapparats geworden und haben sich entsprechend von ihrer gesellschaftlichen Basis entfernt. Belege dafür sind der deutliche Rückgang der Mitgliedszahlen oder auch die Tatsache, dass die Parteien nicht mehr so stark in Sozialräume eingebettet sind, etwa durch Arbeiterbildungsvereine oder kirchliche Organisationen. Zweitens bestehe eine Kooperation zwischen den Kartellparteien mit Blick auf die Versorgung ihrer Funktionäre im staatlichen Sektor oder auch in der Entwicklung von Kooperationsbeziehungen: »As politicians pursue long-term careers, they come to regard their political opponents as fellow professionals, who are driven by the same desire for job security, who confront the same kinds of pressures as themselves, and with whom business will have to be carried on over the long term.« (Katz/Mair 1995: 23) Drittens werde der Einfluss der einfachen Parteimitglieder und der unteren Organisationsebenen schwächer und die Macht der Parteieliten gestärkt. Schließlich, und das ist der entscheidende Beitrag der Kartellparteithese zu einer Theorie des Populismus, würden sich die Parteien nicht nur programmatisch, sondern auch vom Erscheinungsbild immer ähnlicher werden. Die Parteien und ihre Funktionäre professionalisieren sich, nicht zuletzt um den Anforderungen einer geänderten Medienlandschaft zu entsprechen.

Wichtig ist zu beachten, dass es sich bei Kartellparteien um einen Idealtyp im Sinne Max Webers handelt. Keine Partei in Europa entspricht vollständig diesem Typus. Und doch bezeichnet das Konzept der Kartellpartei eine Tendenz, die sich mit einer Alltagsbeobachtung deckt: Die (etablierten) Parteien gleichen sich an. Ein Befund, der auch von der empirischen Forschung weitgehend bestätigt wird, etwa hinsichtlich der sozialen Struktur der Parteien und ihrer Abgeordneten (vgl. Borchert 2003). Doch nicht nur soziokulturell, auch programmatisch sind sich die Parteien der Mitte (in Deutschland wären das CDU/CSU, SPD, Bündnis 90/Die Grünen und die FDP) ähnlicher geworden. Hanspeter Kriesi et al. (2006) konnten das in einer vergleichenden Betrachtung der inhaltlichen Entwicklung von Parteien in Westeuropa von 1976 bis 2002 zeigen. Dabei unterscheiden die Autoren zwischen einer ökonomischen und einer kulturellen Dimension, die sie dann jeweils auf einer Links/rechts-Achse anordnen. In ökonomischer Hinsicht links wird dabei der Einsatz für den Wohlfahrtsstaat, als rechts die Betonung wirtschaftlicher Freiheiten und die Forderung nach niedrigen Steuern angesehen. Kulturell als links wird der Einsatz für Multikulturalismus und Geschlechtergerechtigkeit, als rechts u.a. die Begrenzung der Immigration und ein hartes Durchgreifen bei Rechtsverstößen eingestuft. Die Untersuchung kommt zu dem Ergebnis, dass die etablierten Parteien in die Mitte gewandert sind und sich die programmatischen Differenzen zwischen ihnen abgeschwächt haben. Ein anderes Bild ergibt sich freilich dann, wenn man die Entwicklung der FPÖ und der Schweizerischen Volkspartei in den Blick nimmt. Bei beiden Formationen handelt es sich um Parteien, die zuvor gemäßigte Positionen vertraten, sich seit den 1990er Jahren jedoch radikalisiert haben und seitdem zu den rechtspopulistischen Parteien gezählt werden. Beide Parteien haben sich im untersuchten Zeitraum sowohl auf der kulturellen als auch auf der ökonomischen Achse deutlich nach rechts bewegt. Dass beide Parteien dabei so erfolgreich sind, verweist auf eine Repräsentationslücke, die durch die Entwicklung der Volksparteien entstanden ist.

Parteien wie die FPÖ, die SVP oder auch in jüngerer Zeit die AfD erhalten sowohl von ehemaligen Wählern der Sozialdemokratie als auch von denen ehemals konservativer Parteien Zulauf. Letzteres erscheint zumindest so lange plausibel und wenig überraschend, wie die rechtspopulistischen Parteien sich innerhalb des Verfassungsbogens bewegen und Positionen vertreten, die früher von konservativen Parteien vertreten wurden, etwa mit Blick auf Fragen der inneren Sicherheit, des Familienbildes oder auch der Migrationspolitik. Die Wählerbewegung von den ehemals linken Parteien hin zu den Rechtspopulisten scheint hingegen überraschend und erklärungsbedürftig zu sein. Eine Erklärung hierfür liefert die belgische Politiktheoretikerin Chantal Mouffe (2005).

Für Mouffe ist der Anstieg des Rechtspopulismus in erster Linie durch die Neuorientierung sozialdemokratischer Parteien zu erklären, die sich immer stärker an der »neuen Mitte« ausgerichtet und sich damit von einem erheblichen Teil ihrer alten Stammwählerschaft wegbewegt haben. Wenn ehemalige Arbeiterparteien immer wieder betonen, dass es angesichts der Globalisierung keine Alternative zu einer Politik der Deregulierung und des Sozialstaatsabbaus gebe, dann sei es kein allzu großes Wunder, dass immer mehr Arbeiter jenen Gehör schenken, die eine Alternative formulieren und eine Wiedergewinnung der nationalstaatlichen Souveränität versprechen. Doch es seien nicht allein die Rhetorik der Alternativlosigkeit und neoliberale Reformen, welche populistische Gegenreaktionen hervorrufen. Mouffe zufolge vermögen es rechtspopulistische Politiker durch die Unterscheidung zwischen »den ehrlichen Bürgerinnen und Bürgern« auf der einen und den vermeintlich abgehobenen oder korrupten Eliten auf der anderen Seite, aber auch durch das Schüren von Ängsten vor Überfremdung und durch die Beschwörung kollektiver Identitäten, jene Menschen zu politisieren, die sich von den etablierten Parteien abgewendet haben. Mouffe betont: »Indeed, right-wing populist parties are often the only ones that attempt to mobilise passions and create collective forms of identification.« (ebd.: 55)

Mouffe liefert eine plausible Erklärung für die Abkehr gerade der unteren Schichten von sozialdemokratischen Parteien. Allerdings ist noch nicht ersichtlich, weshalb diese sich nun ausgerechnet einer Partei wie der FPÖ – Mouffe hat sich insbesondere mit der Entwicklung in Österreich auseinandergesetzt – oder anderen rechtspopulistischen Parteien zuwenden, die bis zur Mitte der 2000er Jahre noch eine stark neoliberal ausgerichtete Wirtschaftspolitik vertreten haben. Einen wichtigen Hinweis zur Beantwortung dieser Frage bietet das Konzept des Linksautoritarismus, dem zufolge es einen nicht geringen Teil der Wählerschaft gibt, der in kulturellen Fragen autoritäre bis konservative Werte vertritt und vielleicht auch zu Fremdenfeindlichkeit neigt, wirtschaftspolitisch aber linke Positionen unterstützt. Für diese Wählergruppe existieren jedoch kaum Angebote im Parteienspektrum (vgl. Lefkofridi et al. 2014). Entweder vertreten die Parteien liberale Werte und eine linke Sozialpolitik oder aber sie kombinieren ein konservativ-autoritäres Werteverständnis mit einer neoliberalen ökonomischen Agenda. Das Theorem des Linksautoritarismus besagt nun: Linksautoritäre Wähler bevorzugen je nach politischer Konjunktur entweder linksliberale Parteien oder aber

Parteien, die zwar eine neoliberale Wirtschaftspolitik verfechten, zugleich aber etwa in Fragen der Einwanderung oder der Familienpolitik konservativ-autoritäre Werte vertreten. Diese Diagnose ist plausibel, sie ist aber in zweierlei Hinsicht veraltet. Zum einen ist es mit Blick auf sozialdemokratische Parteien gar nicht mehr so sicher, dass diese wirtschaftspolitisch links stehen. Ihre Attraktivität für linksautoritäre Wähler dürfte zudem dadurch abgenommen haben, dass sie in den vergangenen zwei Jahrzehnten in kulturellen Fragen immer liberaler geworden sind.

Zum anderen haben sich aber auch die rechtspopulistischen Parteien, wie im zweiten Kapitel gezeigt, deutlich verändert: Sie haben sich, abgesehen von der AfD, zumindest rhetorisch entradikalisiert und in wirtschaftspolitischen Fragen teilweise weit nach links bewegt. Die Kombination aus Autoritarismus und linker Wirtschaftspolitik scheint jedenfalls für viele Wähler in Europa attraktiv zu sein – vor allem für die »Modernisierungsverlierer«. Konnte man bisher noch davon ausgehen, dass sich linksautoritäre Wähler vornehmlich durch Opposition gegen Migration oder die Kritik der kulturellen Eliten mobilisieren lassen, so scheint sich zumindest mit Blick auf den Rassemblement National, teilweise aber auch bei weiteren rechtspopulistischen Parteien eine Verschiebung anzudeuten: Sie gehen in eine linksautoritäre Richtung. Und auch in Deutschland könnte die AfD in Zukunft stärker auf »die soziale Frage« setzen.

Bevor wir uns im nächsten Abschnitt mit sozialpsychologischen Theorien zur Erklärung von autoritären Einstellungsmustern befassen noch drei Bemerkungen zu den parteientheoretischen Erklärungen: Erstens sind diese Theorien auf einer mittleren, nämlich institutionellen Ebene angesiedelt. Darüber hinaus beziehen sie sich auf westliche Demokratien und noch enger auf Westeuropa. Parteientheoretische Ansätze unterscheiden sich mithin im Geltungsanspruch von modernisierungstheoretischen

Ansätzen, die sich auch auf Populismen in anderen Teilen der Welt wie Lateinamerika oder Ostasien übertragen lassen oder zumindest einen universalen Anwendungsbereich anstreben.[45]

Zweitens beinhalten parteientheoretische Ansätze ihrerseits immer auch Annahmen über gesamtgesellschaftliche Transformationsprozesse. Mouffe etwa geht von der Vorherrschaft einer entpolitisierenden Ideologie des »dritten Weges« als Ursache für die Hinwendung sowohl linker als auch konservativer Parteien zur Mitte aus. Dabei handelt es sich um eine Ideologie, die im engen Zusammenhang mit einem neoliberalen Zeitgeist stehe, welcher wiederum gesamtgesellschaftlich wirksam sei, etwa ökonomisch oder auch hinsichtlich der Vorstellungen von einem guten Leben. Ähnliches lässt sich über die Kartellparteienthese von Katz und Mair sagen. Auch die Kartellparteien sind nicht aus dem Nichts gekommen, sondern stellen eine Reaktion auf gesellschaftliche Veränderungsprozesse dar; zugleich wirken sie aber auf diese ein, etwa indem die sie einen neoliberalen Politikstil befördern oder sich alle für eine stärkere europäische Integration einsetzen.

Drittens muss bedacht werden, dass die Entstehung bzw. die Konjunktur populistischer Parteien immer auch abhängig ist von spezifischen Gelegenheitsfenstern. Dabei kann es sich um die Häufung politischer Korruptionsskandale und Vertrauenskrisen handeln, wie es seit den 1980er Jahren in Italien, 2006 in Ungarn oder auch in den vergangenen Jahren in Frankreich der Fall gewesen ist. Es kann aber auch der berühmte letzte Tropfen sein, der eine populistische Revolte auslöst. In diesem Sinne lässt sich etwa die mobilisierende Wirkung der sogenannten Flüchtlingskrise 2015/2016 in Deutschland deuten, die der AfD vorübergehend in die Hände gespielt hat.

In diesem Kontext wurde der AfD vorgeworfen, ihr Protest gegen Einwanderung oder eine vermeintliche Islamisierung sei von Ressentiments geprägt. Was verbirgt sich hinter diesem Vorwurf? Und ist er geeignet, das Aufkommen des Rechtspopulismus zu erklären? Darum soll es im Folgenden auf der Mikroebene gehen.

4.4 Ressentiment und Autoritarismus

Die jüngsten Erfolge des Rechtspopulismus in Europa und den USA haben zu einer Debatte über die Beweggründe seiner Unterstützer geführt. Ein häufig herangezogener Erklärungsansatz setzt auf der sozialpsychologischen Ebene an. Er führt Phänomene wie Ausländerfeindlichkeit, Hass auf Minderheiten und Eliten sowie schließlich die Unterstützung von rechtspopulistischen Parteien, Bewegungen und Politikern auf Ressentiments zurück. Dieser Zusammenhang zeige sich etwa in den Kommentarspalten von Internetforen oder einschlägigen Facebook-Gruppen, in denen Muslime pauschal diffamiert werden, oder auch bei den PEGIDA-Demonstrationen, bei denen Politikerpuppen an einem Galgen hängen.

Das Konzept des Ressentiments wurde vor allem von Friedrich Nietzsche geprägt. In seiner Schrift *Zur Genealogie der Moral* (1887) hat er es als den wesentlichen psychologischen Bestandteil der »Sklavenmoral« beschrieben. Weiterentwickelt wurde es von Max Scheler in *Das Ressentiment im Aufbau der Moralen* (1912). Kurz gesagt, bezeichnet Ressentiment die Vorherrschaft negativer Gefühle, die nicht artikuliert bzw. nicht direkt an ihre Auslöser oder Objekte adressiert werden, sondern diese nur auf Umwegen treffen. Es handelt sich also um eine Art gehemmter Rache. Nietzsche zufolge entsteht sie bei Schwachen, denn Schwache könnten ihre negativen Gefühle gegenüber den Starken nicht direkt ausleben: »Der Sklavenaufstand in der Moral beginnt damit, dass das *Ressentiment* selbst schöpferisch wird und Werthe gebiert: das Ressentiment solcher Wesen, denen die eigentliche Reaktion, die der That versagt ist, die sich nur durch eine imaginäre Rache schadlos halten.« (Nietzsche 1999: 270) Scheler schließt an diese berühmte Stelle an und bezeichnet das Ressentiment als »seelische Selbstvergiftung« (Scheler 1955: 38). Als wesentliche Gemütsbewegungen neben dem Rachebedürfnis führt er Hass, Neid und Bosheit an. Für Nietzsche sind es jüdische und christliche Priester gewesen, die Ressentiments bei den »Schwachen« (Nietzsche 1999: 280) geschürt haben und ihnen vor allem ein Mittel anboten, ihren Hass gegenüber den Starken auszuleben: eine Religion, die Hochmut und Stärke abwertet, Armut und Schwäche hingegen aufwertet.

Nietzsches Identifikation der »Schwachen« mit den Trägern des Ressentiments ist freilich selbst vom Ressentiment getrieben. Nietzsche nimmt die Perspektive der Starken ein, seine Verachtung gilt den Schwachen bzw. den »Sklaven«. Er setzt sie nicht nur moralisch herab, sondern macht sie in doppelter Weise selbst verantwortlich: für ihre Schwäche und für ihr Ressentiment. Diese aristokratische Überheblichkeit kommt auch in der Auseinandersetzung mit dem Rechtspopulismus zum Vorschein, wenn liberale Eliten populistische Proteste mit Verweis auf deren vermeintlich niedere Motive diskreditieren wollen. Hier zeigt sich ein grundlegendes Problem des Begriffs des Populismus, auf das wir in der Einleitung bereits verwiesen haben. Der Vorwurf kann sich, sofern er politisch eingesetzt wird, immer auch gegen diejenigen wenden, die ihn artikulieren. Anderen Populismus oder eben Ressentiment zu unterstellen kann nämlich genauso von Ressentiment motiviert sein, wie der Populismusvorwurf bisweilen selbst populistisch ist. Nur dass es sich dabei um das Ressentiment der Starken handelt, deren Ablehnung sich gegen jene richtet, die ihre Privilegien und ihre Lebensweise infrage stellen. Dieser Zusammenhang wird sehr anschaulich von Bernd Stegemann herausgearbeitet, der ausführt: »Wer heute also, wie in jeder Nachrichtensendung gedankenlos wiederholt wird, in politischen Zusammenhängen von Ressentiment spricht, sollte sich die Mühe machen, die eigene Position in diesem Spiel der Distinktionsgewinne zu erforschen. [...] Der Vorwurf des Ressentiments ist heute der bevorzugte Ausdruck für den Rassismus der Eliten gegen alle, die gegen sie revoltieren.« (Stegemann 2017: 146)

Soziologisch aufgeklärter als Nietzsche argumentiert demgegenüber Scheler. Zwar geht auch er davon aus, dass sich Ressentiments vor allem bei den »Schwachen« bilden, doch zugleich verweist er darauf, dass dafür sozialstrukturelle Gründe ursächlich sind. Die Existenz von Ressentiments sei nämlich »vor allem auf die jeweilig Dienenden, Beherrschten« (Scheler 1955: 41) beschränkt. Diese seien gegenüber tagtäglichen Zurücksetzungen schlichtweg ohnmächtig und artikulierten ihr Unbehagen in der Form des Ressentiments. Hinzu komme, dass sich Ressentiments insbesondere in Demokratien beobachten lassen, die zwar einerseits dem Ideal der politischen wie rechtlichen Gleichheit huldigen, zugleich aber durch starke soziale Hierarchien gekennzeichnet sind. Dort bilde sich ein »seelisches Dynamit«, wenn sich das Ressentiment ansammelt und nicht entladen kann. Institutionelle Formen einer derartigen Entladung in der Demokratie sind Scheler zufolge die Strafjustiz und der Parlamentarismus, insofern im ersten Fall vor allem das Rachebedürfnis gestillt und im zweiten Fall kollektive Gefühle wie Klassenneid zumindest stellvertretend artikuliert werden können. In abgeschwächter Weise gelte das auch für die Presse. Das ist sehr treffend beobachtet. Bemerkenswert ist allerdings, dass Scheler nicht die Möglichkeit einer Entladung des Ressentiments nach unten in Betracht zieht, also gegenüber jenen, die als noch schwächer angesehen werden. Diese Leerstelle haben die *Studien zum autoritären*

Charakter gefüllt, die eine Autorengruppe um Theodor W. Adorno im Jahr 1944 durchführte und 1950 dann publizierte.

Die Studie fragte nach den Ursachen und der Verbreitung antisemitischer Vorurteile. Zu diesem Zweck wurden über 2000 Personen zu ihren sozialen und politischen Einstellungen befragt. Geleitet wurde die Untersuchung von der Hypothese, dass bestimmte Charakterdispositionen die Empfänglichkeit für antisemitische und ethnozentrische Vorurteile erhöhen. Zu diesem Zweck wurde die berühmte F-Skala (»F« für »Faschismus«) entworfen. Sie sollte die Merkmale der autoritären Persönlichkeit erfassen, ohne direkt nach ihnen zu fragen. Zu den Hauptmerkmalen zählte Adorno (1995) u.a. die strikte Orientierung an gesellschaftlichen Konventionen, die Unterwerfung unter Autoritäten, die aggressive Ablehnung von Andersdenkenden, Abweichendem und Schöngeistigem, ein starkes Strafbedürfnis bei Verstößen gegen die »gute Ordnung«, Aberglaube und eine Fixierung auf sexuelle Normverstöße. Die empirischen Ergebnisse zeigten eine starke Verbreitung derartiger Persönlichkeitsmerkmale; allerdings ist zu beachten, dass sich die Erhebung größtenteils auf weiße, mit 25 bis 35 Jahren vergleichsweise junge Amerikaner aus der Mittelschicht beschränkte. Die Repräsentativität der Studie war also nur bedingt gegeben.

Wenig zweifelhaft erschien der Sozialpsychologie der 1950er Jahre, dass es vor allem zwei gesellschaftliche Schichten sind, bei denen die entsprechenden Charakterzüge in besonderer Ausprägung vorhanden sind: die Arbeiterschicht und die untere Mittelschicht. In einem wirkmächtigen Artikel über empirische Studien zum Autoritarismus und Extremismus hob der bereits erwähnte US-amerikanische Politikwissenschaftler Seymour Martin Lipset hervor, dass liberale Werte vorwiegend bei den gut ausgebildeten Menschen der oberen Schichten zu verorten seien, die unteren Schichten demgegenüber stärker zu Extremismus neigten. Interessant ist der aus dem Jahr 1959 stammende Artikel über *Democracy and Working-Class Authoritarianism* freilich aus zwei anderen Gründen. Zum einen unterstellt er den unteren Mittelschichten eine Neigung zum Faschismus, der Arbeiterklasse hingegen eine Orientierung am Kommunismus. Das ist aus heutiger Sicht insofern bemerkenswert, als in westlichen Demokratien kaum noch relevante kommunistische Parteien existieren. Folgt man Lipsets Diagnose, sind Teile der linksautoritären Wählerschaft gewissermaßen heimatlos geworden und wenden sich vielleicht auch deshalb, wie oben argumentiert, verstärkt rechtspopulistischen Parteien zu. Zum anderen, und darin stimmt Lipset implizit mit den *Studien zum autoritären Charakter* überein, vertritt er eine überaus plausible These: Spezifische biografische Erfahrungen verdichten sich in den unteren Segmenten der Gesellschaft und führen dort zum Autoritarismus. Lipset: »To sum up, the lower-class individual is more likely to have been exposed to punishment, lack of love, and a general atmosphere of tension, and aggression since early childhood, experiences which often produce deep-rooted hostilities expressed by ethnic prejudices, political authoritarianism, and chiliasitc transvaluational religion.« (Lipset 1959: 495)

Kurzum, es sind gesellschaftliche Strukturen, die autoritäre Persönlichkeiten produzieren, und dies nicht nur während der Kindheit, sondern auch darüber hinaus, in all den erniedrigenden Erfahrungen des Alltags, denen die »Dienenden und Beherrschten« auch in demokratischen Gesellschaften ausgesetzt sind. Freilich darf man an dieser Stelle keine eindimensionale Kausalität unterstellen. Nicht jede Person aus den unteren Schichten tendiert zwangsläufig zum Autoritarismus, und auch Angehörige der mittleren und oberen Schichten können zu Ressentiments und Autoritarismus neigen, etwa dann, wenn sie sich von sozialen Abstiegen bedroht sehen oder sich zurückgesetzt fühlen (Nachtwey 2017: 228).

4.5 Populismus und die Medien

Die Bedeutung der Massenkommunikationsmedien für den Aufstieg des Populismus wird zwar häufig erwähnt, ist jedoch bislang nicht hinreichend systematisch untersucht worden (Manucci 2017; Mazzoleni 2014). Offensichtlich ist, dass Populisten ein besonderes Verhältnis zu den Medien haben. Das reicht auf der einen Seite von den mehrstündigen Fernsehshows Hugo Chávez' über das Medienimperium von Silvio Berlusconi bis hin zu den Internetplattformen des Movimento Cinque Stelle und den diversen Facebook-Gruppen im Umkreis rechtspopulistischer Bewegungen. Auf der anderen Seite hadern Populisten oftmals mit den Vertretern und Institutionen der liberalen Medien, die sie als »Lügenpresse« diffamieren. Und in der Tat lässt sich schwerlich bestreiten, dass der Populismus etwa in Deutschland in den öffentlich-rechtlichen Rundfunkanstalten, den liberalen Leitmedien wie *Süddeutsche Zeitung*, *Zeit* oder *Frankfurter Allgemeine Zeitung* und auch in vielen größeren Internetportalen wie *Spiegel Online* nicht wohl gelitten ist. Nicht zuletzt deshalb greifen seine Anhänger immer häufiger auf alternative Medienangebote zurück. Im Folgenden sollen zwei Aspekte dieses Zusammenhangs etwas näher beleuchtet werden. Erstens das Zusammenwirken von Medialisierung und Populismus, zweitens die Veränderungen durch die Möglichkeiten der digitalen Kommunikation.

Einer der entscheidenden Faktoren für den Aufstieg von Populisten in den 1930er und 1940er Jahren war das Radio. Mit dem Radio war es Juan Perón oder Huey P. Long möglich, viele Menschen zu erreichen und zu mobilisieren. Die Verbreitung des Fernsehens während der 1950er und 1960er Jahre hat zwar auf der einen Seite in dieser Hinsicht weitere Möglichkeiten geschaffen, auf der anderen Seite waren die Rundfunkanstalten zumindest in Westeuropa zunächst vorwiegend in staatlicher Hand, was eine eher biedere Programmgestaltung zur Folge hatte. Erst seit Mitte der 1980er Jahre setzte im Zusammenhang mit der Privatisierung der Fernsehanstalten und im Kontext einer grundlegenden kulturellen Liberalisierung ein zwar schleichender, aber in der Konsequenz sehr gravierender Wandel der Medienlandschaft ein. Ein wesentlicher Aspekt davon war und ist das kommerzielle Interesse der privaten Medienanstalten, die miteinander in Konkurrenz stehen. Als wesentliche Strategien im Wettbewerb um Lese- und Einschaltquoten gelten in den Medienwissenschaften: Personalisierung, Vereinfachung, Stereotypisierung, Emotionalisierung, die Orientierung an einer dem Bereich des Sports ähnlichen Wettkampflogik und nicht zuletzt Skandalisierung (vgl. Moffitt 2016: 75). Und aus einer systemtheoretischen Perspektive hält Niklas Luhmann fest, dass es der »Präferenz der Massenmedien« entspreche, »über Konflikte (und nicht: über übereinstimmende Meinungen) zu berichten und die ›öffentliche Meinung‹ entsprechend zu strukturieren. Die öffentliche Aufmerksamkeit und Kommunikation konzentriert sich damit typisch auf den politischen Konflikt.« (Luhmann 2002: 132)

Dieser Wandel der Berichterstattung wird auch als Politainment beschrieben. Er hat sich für den Populismus in zweierlei Hinsicht als förderlich erwiesen. Zunächst spielen ganz offensichtlich die Vereinfachung und die Skandalisierung der populistischen Dichotomie vom »ehrlichen Volk« bzw. den »einfachen Bürgern« und der »korrupten Elite« in die Hände. Auch die Orientierung an der Wettbewerbslogik entspricht der populistischen Dramatisierung des politischen Prozesses. Darüber hinaus korrespondieren die Personalisierung und Emotionalisierung stark mit dem populistischen Stil, auch das bewusste Übertreten von vermeintlichen Tabus, die Selbstinszenierung als »einer von euch«, etwa mittels Rhetorik oder Kleidungsstil, verschafft Aufmerksamkeit. Von derartigen Inszenierungen profitieren sowohl die Medienanstalten als auch die populistischen Politiker.

Ein zweiter Aspekt ist die rasante Ausdifferenzierung der Medienlandschaft. Bereits mit Blick auf die Vervielfältigung der Fernsehkanäle seit den 1980er Jahren und zu einem Zeitpunkt, als das Internet noch in seinen Kinderschuhen steckte, warnte der US-amerikanische Rechtstheoretiker Cass Sunstein (2001) vor den heute deutlich hervortretenden Effekten: Erstens würde dies zu einer Aufsplitterung in mehr oder weniger stark abgeschottete Milieus führen, die nur noch jene Fernseh- oder Radiosendungen verfolgten, die ihren politischen Überzeugungen entsprechen. Zweitens würden sich diese Milieus, insofern sie sich kaum noch mit abweichenden Meinungen auseinandersetzen, zunehmend radikalisieren. Drittens schließlich würde tendenziell auch die Filterfunktion professioneller Journalisten wegfallen, sei es, weil sich private Spartenkanäle diese nicht leisten können oder wollen, sei es, weil sich Bürger in Internetforen informieren. Alle drei Effekte verstärken sich wechselseitig, sie haben in den USA mittlerweile zu einer schier unüberwindlichen Spaltung der politischen Lager beigetragen, auch wenn die Entwicklung der Medien dafür freilich nicht allein verantwortlich ist.

Die von Sunstein geschilderte Dynamik hat im Zeitalter von twitter, Facebook und den diversen Kanälen und Foren im Internet noch erheblich an Dramatik gewonnen – die Diskussion über eine vermeintliche »Lügenpresse« und »alternative Fakten« zeigt es. Jedenfalls haben sich die Träume so mancher Demokratietheoretiker von einer neuen digitalen Zivilgesellschaft größtenteils als Wunschträume entpuppt. Doch auch hier gilt: Die durch die Digitalisierung bewirkte Veränderung der Medien in den vergangenen zehn, fünfzehn Jahren hat politische Spaltungslinien sicherlich verstärkt, allein ursächlich für das populistische Aufbegehren ist sie nicht. Vielmehr handelt es sich um einen Baustein im Gefüge eines komplexen Ursachenbündels. Will man die Entstehung von Populismen erklären, so müssen medientheoretische Erkenntnisse immer auch im Zusammenhang mit gesamtgesellschaftlichen Modernisierungsprozessen, der Entwicklung des Parteiensystems und sozialpsychologischen Dynamiken gedacht werden.

5. Wie ist Populismus zu bewerten?

Populismus erhitzt nicht nur in der politischen Öffentlichkeit die Gemüter, auch in der sozialwissenschaftlichen Debatte sorgt er für leidenschaftliche Auseinandersetzungen. In der Politikwissenschaft wird insbesondere darüber gestritten, wie das Phänomen Populismus zu bewerten ist. Stellt der Populismus eine Gefahr für die Demokratie dar und sollte deshalb bekämpft werden? Oder gehen von ihm Impulse aus, die die Demokratie am Ende stärken werden, da er die politischen Eliten zwingt, endlich einige der lange ignorierten Probleme anzugehen und mehr auf die Bürgerinnen und Bürger zu hören? Und schließlich: Kann der Populismus vielleicht sogar als eine politisierende Kraft gelten, die den entpolitisierten und durch neoliberale »Reformen« geschwächten Demokratien neues Leben einhauchen wird, also Dinge in Bewegung bringt, die lange für unveränderbar gehalten wurden?

Wie man auf diese Fragen antworten und den Populismus einschätzen mag, hängt nicht nur von dem Wissen über die Programmatik populistischer Parteien und ihr politisches Handeln ab, sondern auch von den je eigenen normativen Urteilen über Demokratie, Gesellschaft und Politik. Wer von der Demokratie in erster Linie sachlich geführte Diskussionen, eine konsensorientierte politische Kultur, »marktkonforme« Entscheidungen und die Verwirklichung des Prinzips der Toleranz erwartet, der wird dem Populismus skeptisch bis feindselig gegenüberstehen. Wer hingegen in den Demokratien unserer Tage die heiß geführten Debatten und die offene Austragung von Konflikten vermisst, der könnte die Erwartung hegen, dass der Populismus die eingeschläferten Öffentlichkeiten der Demokratien wieder aufweckt, die in grundlegenden Fragen den Eindruck der Alternativlosigkeit erzeugen.

Im Folgenden sollen zentrale Positionen der Diskussion über die Bewertung des Populismus dargestellt werden. Wir wollen hierbei die Kernthesen der Debatte herausarbeiten und den Zusammenhang zwischen dem jeweiligen Demokratie- und Politikideal sowie der Einschätzung des Populismus deutlich werden lassen. Wir werden zunächst auf die liberale Kritik am Populismus eingehen. Sie ist gegenwärtig die wohl prominenteste ablehnende Position gegenüber populistischer Politik und wertet den Populismus als eine Gefahr für die als liberal gedeutete Demokratie. Anschließend stellen wir eine gegensätzliche Position vor, die postmarxistisch argumentiert, den Populismus als eine politisierende Kraft einschätzt und entsprechend positiv beurteilt. Wir beschließen das Kapitel mit der Darstellung einer dritten, vermittelnden Position, die sich nicht auf ein eindeutiges normatives Urteil über den Populismus einlassen will.

5.1 Die liberale Kritik

Zunächst muss beachtet werden, dass der Populismus von einem im weiten Sinne liberalen politischen Standpunkt aus betrachtet keineswegs als etwas Negatives erscheinen muss. Denn wie im zweiten Kapitel deutlich geworden ist, haben populistische Parteien und Politiker durchaus Programmatiken formuliert und Ziele verfolgt, die man liberal nennen kann. Hierzu zählen etwa die

Kritik des Wachstums der staatlichen Bürokratie, die Forderung nach einer Begrenzung des Wohlfahrtsstaats und der starken Besteuerung der Bürgerinnen und Bürger. Mit Blick auf die jüngere Vergangenheit sind in diesem Kontext aber vor allem die Betonung der negativen Religionsfreiheit und das Prinzip der Selbstbestimmung zu nennen, die von einigen zeitgenössischen populistischen Politikern rhetorisch und programmatisch hochgehalten werden. Dies geschieht selektiv und dient vornehmlich der Polemik gegen »den« Islam oder »die« muslimische Kultur, ändert aber nichts daran, dass offenkundig auch Populisten liberale Prinzipien propagiert haben und propagieren.

In diesem Zusammenhang ist die AfD erwähnenswert. Sie zeigt in ihrem Grundsatzprogramm eine programmatische Nähe zum ökonomischen Liberalismus ordoliberaler Prägung und kritisiert am politischen System der Bundesrepublik und der Europäischen Union, dass beide das Prinzip der Gewaltenteilung missachteten. Damit fordert sie die Geltung eines liberalen Prinzips ein. Nicht nur mit Blick auf die AfD, sondern ganz allgemein kann man deshalb sagen, dass sich nicht wenige populistische Parteien und Politiker auf den Liberalismus bezogen haben und noch beziehen und dass sie ihre eigene Position zuweilen auch explizit als liberal – oder wie im Falle der *Tea Party* als libertär – begreifen.

Auf der anderen Seite lässt sich allerdings auch feststellen, dass gerade der Populismus von vielen seiner Kritiker als eine illiberale oder gar antiliberale politische Kraft eingeschätzt wird. Man wirft ihm vor, er richte sich gegen das Leitbild der »offenen Gesellschaft«, da er die Liberalität westlicher Demokratien einschränken oder rückgängig machen wolle – etwa mit Blick auf die Einwanderung, die Rechte religiöser, vor allem muslimischer Minderheiten oder die Anerkennung früher als abweichend bewerteter, heute indes stärker akzeptierter, alternativer Lebensstile und sexueller Orientierungen. Betrachtet man die Forderungen und Programme populistischer Parteien und Politiker, kommt man schnell zu dem Ergebnis: Das Verdikt, der Populismus sei illiberal, trifft zu einem nicht geringen Teil zu.

Ferner ist die ideenpolitische Konstellation unübersichtlich, denn populistische Parteien und Politiker haben nicht nur historisch sehr viele unterschiedliche politische Standpunkte vertreten. Zudem werden die Ausdrücke »liberal« und »Liberalismus«, teils mit identischem, teils mit unterschiedlichem Inhalt, sowohl als Schimpfwort wie auch als Ehrentitel verwendet und können für heterogene, ja zum Teil sogar widersprüchliche Forderungen stehen. Während der eine es zum Beispiel für »liberal« halten mag, Frauen- und Migrantenquoten im oberen Management zu fordern, da nur so die Diskriminierung dieser Gruppen in bestimmten Branchen und Organisationen beendet werden könne, wird ein anderer ein solches Sonderrecht für Gruppen »illiberal« nennen, da es einen Verstoß gegen die Prinzipien der Rechtsgleichheit und der (unternehmerischen) Freiheit darstelle. In gewisser Weise haben beide Positionen recht.[46]

Die Auseinandersetzung darüber, was nun alles authentisch »liberal« genannt zu werden verdient und was nicht, können wir an dieser Stelle nicht klären oder gar entscheiden. Uns geht es im Folgenden nur um eine Kritik des Populismus, die wir als eine »liberale Kritik« bezeichnen wollen.[47] Sie gründet in einer bestimmten Deutung von Demokratie, Gesellschaft und Politik. Diese Deutung lässt sich auf zwei Ideen zurückführen, die vor allem durch das liberale politische Denken geprägt worden sind. Es handelt sich um die Ideen des Individualismus und des Pluralismus.

Beim Individualismus muss zunächst zwischen einem methodischen Individualismus und einem normativen Individualismus unterschieden werden (auch wenn, wie noch zu sehen sein wird, beide gut zusammenpassen). Der methodische Individualismus besagt, dass die sozialwissenschaftliche Analyse, Erklärung und Deutung nicht auf der Makroebene der Aggregation von Handlungsfolgen anzusetzen haben, sondern zunächst auf der Mikroebene des Handelns selbst beginnen müssen, um von dort zur Makroebene fortzuschreiten. Phänomene wie der Staat, bürokratische Organisationen oder Märkte sollten aus dem Zusammenhandeln zahlreicher Individuen rekonstruiert werden.

Der normative Individualismus hingegen geht davon aus, dass die Begründung und Rechtfertigung, Wahl und Auslegung von Werten und Normen, aber auch von Prinzipien oder von konkreten Institutionen und Organisationen mit Blick auf das Individuum erfolgen muss. Was damit gemeint ist, erklärt sich am besten, wenn man eine gegensätzliche Position betrachtet. Beispielsweise könnte ein normativer Kommunitarist (von lat. *communitas*, dt. »Gemeinschaft«) eine bestimmte Staatsorganisation oder ein Sonderrecht für eine ethnische Minderheit dadurch begründen, dass sie die Lebensform einer im Staat lebenden Gemeinschaft sichert, etwa die der französischsprachigen Minderheit in Kanada. Dem Kommunitaristen dient hierbei nicht das Individuum als letzter normativer Bezugspunkt, sondern die Gemeinschaft. Dem würde der normative Individualist (von lat. *individuum*, dt. »das Unteilbare; das Einzelne«) entgegenhalten, dass Gesetze nur mit Blick auf die einzelnen Bürgerinnen und Bürger gerechtfertigt werden können und im Staat jedem das gleiche Recht zukommen müsse. Das sei gerecht, weil es jedem Individuum ermögliche, seine ihm gut erscheinende Lebensform, etwa eine bestimmte religiöse Auffassung, selbst zu wählen.[48] Überdies stelle »die Gemeinschaft« bloß eine gedankliche Konstruktion dar, die nur im Kopf des Kommunitaristen existiere. Sie sei eine Fiktion und mit Fiktionen lasse sich nichts überzeugend begründen. Die Individuen hingegen seien ganz real und liefern den Stoff, aus dem Politik und Gesellschaft letztlich zusammengesetzt seien.

Mit Blick auf den Begriff des Pluralismus kann man zwischen einem empirischen und einem normativen Pluralismus differenzieren. Der empirische Pluralismus besagt: Die moderne Gesellschaft ist faktisch durch eine irreduzible Heterogenität und Pluralität gekennzeichnet. Es finden sich in ihr die unterschiedlichsten kulturellen Identitäten, die Menschen haben und prinzipiell auch wieder ablegen können. Zudem haben die Angehörigen moderner Gesellschaften unterschiedliche, häufig widerstreitende Überzeugungen darüber, was ein gutes Leben ausmacht. Die Bürgerinnen und Bürger moderner Gesellschaften sind uneins darüber, was richtig und was falsch, was wahr und was unwahr ist. Und sie können sich prinzipiell nicht einigen, ob es einen Gott, viele oder gar keine Götter gibt. Der normative Pluralismus bejaht diesen Sachverhalt der Heterogenität und Pluralität ausdrücklich. Er begreift ihn als wünschens-, schützens- oder fördernswert und schlägt hierfür konkrete Institutionen und individuelle Rechte vor, insbesondere die Rechte der Religions-, Meinungs- und Vereinigungsfreiheit.

Der liberale Kritiker des Populismus ist ein normativer Individualist und Pluralist. Hieraus erklärt sich zum großen Teil seine Vorstellung von einer gelungenen Demokratie. Er schätzt vor allem die mittels einer breiten Streuung von Machtressourcen und der Teilung der Gewalten erreichbare Begrenzung von Macht sowie die Sicherung von Grundrechten und anderen Institutionen durch eine (von einer mächtigen Verfassungsgerichtsbarkeit zu stützende) Verfassung, die den Pluralismus schützt und fördert.

Sein Individualismus ist ein demokratischer Individualismus, d.h., er plädiert für das Prinzip gleicher politischer Freiheit aller mündigen Individuen im Staat. Demokratie versteht er primär als ein Gefüge von Verfahren und Institutionen, das jedem Einzelnen das gleiche Recht auf politische Freiheit garantiert. Da die politische Freiheit in einer pluralistischen Gesellschaft angesichts der Zahl der Bürgerinnen und Bürger und der Größe des Gemeinwesens jedoch von den Individuen nicht unmittelbar zur Geltung gebracht werden kann, votiert er für deren Repräsentation durch politische Eliten, die sich einem offenen politischen Wettbewerb und kompetitiven Wahlen stellen müssen.

Durch die Verbindung von Repräsentation, als sichtbare Stellvertretung, mit politischem Wettbewerb, Wahlen, Parteien und Parlamenten könnten die heterogenen Meinungen, Interessen, Ansprüche und Gruppen der Gesellschaft politisch zur Geltung kommen. Denn zum einen können die Repräsentanten immer wieder ausgetauscht werden. Der offene Wettbewerb stelle zum anderen sicher, dass es Konkurrenz – eine Opposition im Sinne einer Alternative – gibt und jeder seine politische Position äußern, in den Prozess der Willensbildung einspeisen und durch Repräsentanten vertreten lassen kann. Die Heterogenität und Pluralität der Gesellschaft werde erhalten und politisch sichtbar gemacht. Normativ und empirisch könne sich keine Gruppe oder Partei als das einzig wahre Volk ausgeben und ihre Position als alleingültige darstellen. In Anlehnung an die Demokratietheorie Claude Leforts (1990) lässt sich das Ziel folgendermaßen beschreiben: Der Zugang zum Entscheidungszentrum der Demokratie soll offen bleiben und darf nicht dauerhaft besetzt werden. Kein Teil, etwa eine bestimmte soziale Schicht oder die Vertreter einer religiös fundierten Weltanschauung, dürfe auf Dauer das Ganze repräsentieren. Der liberale Kritiker sieht wohl, dass in den real existierenden Demokratien unter den Bürgerinnen und Bürgern die Nähe und der Zugang zu diesem Zentrum höchst ungleich verteilt sind – wodurch die politische Freiheit tendenziell zur ungleichen Freiheit wird. Aber er ist der Auffassung, dass jene Demokratien die Mittel zur Behebung dieses

Übels bereitstellen und sich dem Ideal der gleichen Freiheit immer weiter annähern können.

Diese Einschätzung hängt nicht zuletzt mit dem Politikverständnis des Liberalismus zusammen. Er stellt Lernfähigkeit, wechselseitige Überzeugungsbereitschaft, Offenheit für neue Sichtweisen und Argumente sowie in einem gewissen Maß Rationalität in das Zentrum der Politik. Er deutet Politik primär als eine Sphäre oder einen Handlungsmodus, in dem mindestens strategisch motivierte Kompromisse, wenn nicht sogar vernünftige Einverständnisse erzielt werden können. Allerdings steht das konträr zum Individualismus und Pluralismus, die, wenn man sie konsequent zu Ende denkt, in der Politik eher zu Unverständnis und Widerstreit führen müssten. Denn beide heben letztlich auf das ab, was Menschen voneinander unterscheidet – und nicht auf das, was sie verbindet.

Auf diese Problematik gibt es von Seiten liberaler Demokratietheoretiker zwei Reaktionen. Einige vertrauen auf die Konsens erzeugende Kraft von verständigungsorientierten Diskursen, die in ein vernünftiges Einverständnis münden sollen. Sie sind der Meinung, öffentlichen Debatten wohne ein Vernunftpotenzial inne, das Bürgerinnen und Bürger unter bestimmten Rahmenbedingungen dazu motiviere, im Angesicht besserer Argumente die eigene Meinung zu revidieren und eigensinnige Ansprüche, die aus partikularen Interessen und Wertvorstellungen resultieren, aufzugeben. Andere hingegen setzen auf die Bildung von strategisch motivierten Kompromissen. Sie konzedieren zwar, dass der gesellschaftliche Pluralismus einen Konsens in der Politik unmöglich mache, aber, so argumentieren sie, die Bürgerinnen und Bürger seien zumindest in dem Maße zweckrational eingestellt, dass sie sich, um auf diesem Wege ihre Interessen und Meinungen politisch zur Geltung bringen zu können, auf Kompromisse einlassen würden.

Am Populismus kritisieren liberale Kritiker deshalb nicht zuletzt, dass er einen polarisierenden, unvernünftigen bzw. kompromisslosen Handlungsmodus in die Politik einführe, der dort gar nicht hingehöre. In der Demokratie habe dies nämlich insofern schädliche Folgen, als es den machtbegrenzenden Charakter dieser Ordnungsform unterminiere und sowohl strategische Kompromisse als auch vernünftig motivierte Einverständnisse unmöglich mache.

Diese Sicht auf den Populismus – als einer undemokratischen und die Demokratie gefährdenden Kraft – wird sehr klar von Nadia Urbinati formuliert. Sie begreift die Diskussion als die eigentliche Form politischen Handelns. Urbinati verbindet mit Demokratie vor allem Machtbegrenzung und einen Prozess der stets offenen Diskussion: »Hence, if one does not want to renounce a notion of democracy that incorporates the limitation of power, a bill of rights, and discussion as the peculiar form of political life, one is forced to conclude that populism is not an expression of democracy.« (Urbinati 1998: 122)

An Urbinatis Populismuskritik lässt sich die Kernargumentation der liberalen Kritik des Populismus sehr gut veranschaulichen. Sie wirft dem Populismus eine kollektivistische Polarisierung und eine monistische Simplifizierung und Fokussierung auf einen Führer vor.[49] Beides stehe im Gegensatz zum demokratischen Individualismus und Pluralismus und unterminiere die demokratische Diskussionskultur.

Der Populismus ziele erstens auf eine kollektivistische Polarisierung, da er in seiner politischen Mobilisierung und Rhetorik die Bürgerschaft in zwei (oder ggf. weitere) Kollektive gruppiere – zumeist in das »gute Volk« auf der einen Seite und die »korrupte Elite« auf der anderen Seite. Die vielgestaltigen Differenzen und Besonderheiten – eben der pluralistische Charakter der Gesellschaft und die individuellen Besonderheiten der Bürgerinnen und

Bürger – würden hierbei übergangen und ausgeblendet. Der Einzelne erscheine nur noch als ein bloßes Exemplar eines guten oder bösen Kollektivs. Zweitens praktiziere der Populismus eine monistische Simplifizierung; er wolle den auf Erhalt oder gar Ausweitung des Pluralismus angelegten politischen Institutionenkomplex und die demokratischen Verfahren umgehen, zugunsten einer »mono-archischen« Form der Willensbildung und Herrschaft, eines »Cäsarismus«, der von einem politischen Führer dominiert werde, der eine Masse angeblich substanziell Gleicher hinter sich schare. Beide Merkmale machen für Urbinati die zentralen Charakteristika des Populismus aus. Sie seien miteinander verschränkt bzw. aufeinander verwiesen: »polarization as a means for creating a politics of identity, and Caesarism, or mono-archy, as its possible final destination.« (Urbinati 2014: 134) Populisten nähmen daher eine Simplifizierung im doppelten Sinne vor. Sie würden missachten, dass in der Demokratie nur eine politische und keine substanzielle Gleichheit unter den Bürgerinnen und Bürgern herrscht. Populisten missinterpretierten Demokratie fälschlicherweise als substanzielle Gleichheit – etwa im Sinne einer moralischen oder ethnischen Gleichheit. Außerdem reduzierten sie den politischen Prozess auf die Artikulation und Repräsentation dieser Gleichheit durch einen Führer.

Urbinati ist nicht der Meinung, die Populisten wollten die Monarchie wieder einführen. Sie interpretiert den Populismus aber als eine Ideologie und als ein politisches Projekt, das darauf abzielt, die politische Macht zu monopolisieren, eben durch die Populisten selbst bzw. durch den populistischen Führer, der seine Herrschaft auf ein Plebiszit des Volkes zurückführt. Anschließend wollten sie die Wege ins Zentrum durch die Einschränkung von Grundrechten, die Aufhebung der Gewaltenteilung, das Niederhalten der Opposition und die Unterdrückung der Meinungsfreiheit für alle anderen oder für eine bestimmte Gruppe von politischen Konkurrenten versperren. Aus Sicht des populistischen Führers wäre das Resultat immer noch eine Demokratie, da er ja den Anspruch erhebt, das Volk zu repräsentieren – in Wirklichkeit habe man es aber natürlich nicht mehr mit einer Demokratie zu tun. Populismus bahne den Weg in die Diktatur. Die Demokratiekritik zeitgenössischer Populisten erinnert Urbinati daher an Carl Schmitts Ablehnung der parlamentarischen, liberalen Demokratie. Sie deutet den Populismus der Gegenwart als angewandten Neo-Schmittianismus. Schmitt hatte – und das macht ihn für liberale Demokraten so irritierend – argumentiert, dass Demokratie und Liberalismus nicht miteinander vereinbar seien, sie stünden vielmehr im Widerspruch zueinander. Die Demokratie basiere auf dem Volkswillen und der Identität von Regierenden und Regierten. Da der Volkswille aber auch von einem Einzelnen erkannt und realisiert werden könne, sofern er dem Volk substanziell gleich sei, stünden überdies Demokratie und Diktatur nicht im Widerspruch zueinander. Parlamentarismus, Pluralismus und Menschenrechte sind in Schmitts identitärem Denken ferner keine Bedingungen für Demokratie, sie stellen vielmehr ein Hindernis für diese dar, da sie die Souveränität des Volkes einschränkten (vgl. Schmitt 1961).

Urbinatis Kritik steht exemplarisch für liberale Ansätze, die auf die Defizite des Populismus verweisen. Rein normativ betrachtet, ist die liberale Kritik auch überzeugend. Doch es fehlt im liberalen Denken in zweierlei Hinsicht an Reflexivität. Erstens werden die sozialen Voraussetzungen der liberalen Demokratie – etwa hinsichtlich der tatsächlichen Realisierungschancen politischer Gleichheit – nicht hinreichend beachtet. Konkret fehlt es bei Urbinatis Auseinandersetzung mit dem Populismus, aber auch bei vielen anderen liberalen Deutungen (etwa Müller 2016) an einer kritischen Betrachtung jener Prozesse, die die Versprechen der Demokratie unterminieren und damit der populistischen Revolte den Boden ebnen. Zweitens wird der eigene ideenpolitische Beitrag zur Verfestigung des Populismus verdrängt. Denn in einer nicht idealen Welt führt die liberale Kritik zu einer moralisierenden Selbstabschottung der »guten Demokraten« und ist als solche Wasser auf den Mühlen der Populisten. Auf diesen problematischen Effekt werden wir im Schlusskapitel zurückkommen.

Zu erwähnen ist an dieser Stelle jedoch auch, dass Urbinati in ihrer jüngsten Publikation (2019) ihre frühere Position weiterentwickelt hat. Einerseits führt sie dort vor allem ihre Kritik des Populismus fort. Im Lichte jüngerer Erfahrungen mit populistischen Regierungen dürfe der Populismus nicht nur als eine gegen das »Establishment« gerichtete Protestbewegung interpretiert werden, sondern man müsse ihn nun vor allem als ein Regierungsprojekt ernst nehmen. Alle Populisten strebten nach Regierungsmacht, um auf diesem Wege zentrale Komponenten liberaler Demokratie zu transformieren. Unter populistischen Regierungen werde der universalistische Begriff des Volkes zu einer partikularistischen Kategorie, das den Machtwechsel ermöglichende Mehrheitsprinzip diene nur noch der Rechtfertigung einer unbegrenzten Herrschaft auf Dauer und die pluralistische Differenzrepräsentation verkomme zur direkten Repräsentation durch eine Führungsfigur. In der Konsequenz schlage die zunächst durch demokratische Wahlen konstituierte Herrschaft der Populisten in eine Diktatur um.

Andererseits fügt Urbinati ihrer Kritik des Populismus nun aber auch eine tiefer gehende Ursachenanalyse hinzu, die die Erklärungsmängel des liberalen Denkansatzes beheben soll. Die liberale Kritik am Populismus kritisiert Urbinati explizit als »dürftig und ineffektiv«, da diese an einem wirklichkeitsfremden Ideal orientiert sei und die undemokratische Machtballung von Eliten ignoriere (ebd.: S. 55). Sie hält dieser Ansicht erstens entgegen, dass die zunehmende soziale Ungleichheit den Aufstieg des Populismus begünstigt habe. Im Anschluss an Aristoteles erklärt sie, dass ein Zusammenbruch des »sozialen Gleichgewichts« (ebd.: S. 107) auch in der Mittelschicht für Unzufriedenheit sorge und dadurch illiberalen Gegeneliten ermögliche, mittels populistischer Versprechungen große Teile der frustrierten Mittelschicht auf ihre Seite zu ziehen. Zweitens prangert sie mit drastischen Formulierungen die Herrschaft einer »ungezügelten und raubgierigen globalen Oligarchie« (ebd.: S. 4) an, welche Souveränität zu einem »Phantom« werden lasse und die Versprechen der Demokratie als Illusion erscheinen lasse. Zudem sei, drittens, vor dem Aufstieg des Populismus der politische Wettbewerb durch »Kartellparteien« über Gebühr beschränkt worden, die Linke habe sich zu sehr der Mitte angenähert und aufgrund der Dominanz eines kulturbezogenen Diskurses kosmopolitischer Eliten seien Verteilungsfragen vernachlässigt worden. Infolgedessen könnten Populisten nun die Rolle beanspruchen, die zuvor sozialdemokratische Parteien innegehabt hätten: Die Kritik der privilegierten Wenigen und die Repräsentation der Interessen der Mehrheit (ebd.: 203 f.). Obwohl Urbinati betont, dass sie die populistischen Versprechen als unerfüllbar ansieht, erklärt sie, viertens, den Aufstieg des Populismus als eine gewissermaßen folgerichtige Erscheinung. Wie sie im Anschluss an Bernard Manin (2007) ausführt, seien die Strukturen und Institutionen der organisierten Parteiendemokratie erodiert. Diese verwandele sich in eine fluide »Publikumsdemokratie« (ebd.: 174). In ihr verlören vor allem intermediäre Instanzen wie Parteien, professionelle Medienanstalten und Parlamente an Bedeutung. Deshalb seien sowohl der Populismus als auch der oligarchische Elitismus, als unmittelbare, auf die Gunst eines passiven Publikums bezogene Formen der Herrschaft, auf dem Vormarsch. Auch wenn sie selbst diese Konsequenz nicht explizit zieht, scheint Urbinatis Korrektur des liberalen Ansatzes damit auf die These hinauszulaufen, dass die liberale Demokratie der Vergangenheit angehört.

5.2 Die postmarxistische Affirmation

Die Diktatur wird heute nahezu einhellig als eine äußerst schlechte Regierungsform angesehen. Das war nicht immer so. In der Römischen Republik gab es die Diktatur als ein staatsrechtliches Institut, das in Phasen einer inneren oder äußeren Bedrohung den Diktatoren für einen begrenzten Zeitraum außerordentliche Kompetenzen gab und dieses Sonderrecht mit dem Auftrag verknüpfte, die republikanische Ordnung wiederherzustellen oder zu sichern. Später, in der marxistischen Tradition, tauchte der Begriff der Diktatur mit einer anderen Bedeutung auf, als »Diktatur des Proletariats«. Der Begriff bezeichnete hier eine historische Übergangsphase in den Sozialismus. Es war ein polemischer Begriff, der aus der marxistischen Kritik an den liberalen Republiken des 19. Jahrhunderts Kontur gewann.[50] Die liberale Republik beschreibe sich als politisch neutrale, niemanden benachteiligende Ordnung freier und gleicher Bürger. Tatsächlich aber bestehe in ihr eine Form der Freiheit, die die Eigentumsverhältnisse nicht antaste, die Klasse der Eigentümer privilegiere und deshalb die Klasse der arbeitenden Eigentumslosen, die Mehrheit, politisch wie ökonomisch nicht zum Zuge kommen lasse. Die »Diktatur des Proletariats« mache dem ein Ende, sie sei die Regierung der Mehrheit. Der Begriff wendet sich gegen die Illusion, der bürgerliche Staat sei politisch neutral. Politik, so der Grundgedanke, ist Klassenkampf. Und die siegreiche Klasse diktiert der unterlegenen Klasse ihre Bedingungen.

Ernesto Laclau und Chantal Mouffe, die sich selbst als »Postmarxisten« bezeichnen, greifen in ihrem gemeinsam verfassten Buch über *Hegemonie und radikale Demokratie* (1991) diesen Gedanken auf, entledigen ihn seiner Beziehung auf die Eigentumsverhältnisse sowie den Klassenkampf und reformulieren ihn diskurs- und kontingenztheoretisch. Galt das Proletariat in der marxistischen Theorietradition als ein Kollektiv mit einer politischen Identität und rationalen Interessen, die sich beide aus seiner sozioökonomischen Position ergäben, brechen Laclau und Mouffe mit der Zuordnung einer politischen Identität zu sozioökonomisch determinierten Interessen. Sie begreifen Politik als einen konflikthaften Prozess, in dem diskursiv konstruierte Kollektive einander gegenüberstehen und um Vorherrschaft streiten. Die Konstruktion kollektiver politischer Identität ist den Postmarxisten zufolge kontingent, d.h. eine kollektive politische Identität könne immer auch anders ausfallen. Wie sie jeweils ausfällt, das sei das Ergebnis von (Deutungs-)Kämpfen um diskursive Vorherrschaft (»Hegemonie«). Die Demokratie zeichne sich dadurch aus, dass sie durch ihre weitreichenden politischen Freiheitsrechte den Kampf um Vorherrschaft und die Konstruktion politischer Kollektive ermögliche und offenhalte, ihn durch die Anerkennung von Opposition und Dissens zugleich aber auch befriede. In der Demokratie würden aus politischen Feinden politische Gegner.

Hegemonie und radikale Demokratie ist in den 1980er Jahren verfasst worden, zu einer Zeit, die von den Neuen Sozialen Bewegungen, etwa der Friedens- oder der Frauenbewegung, geprägt war. Seitdem hat sich der politische Zeitgeist in Europa radikal geändert, und es ist zur Etablierung einer neoliberalen Hegemonie gekommen, wie vor allem Mouffe in ihren jüngeren Schriften nicht müde wird zu betonen. Sie kritisiert am Neoliberalismus sowie dem »Dritten Weg« etwa der *Labour Party* und der deutschen SPD mit ihrer Rhetorik einer »Politik jenseits von links und rechts«, dass sie hegemonial geworden seien – und auf diesem Wege zu einer Entpolitisierung und Verengung der Demokratie beigetragen hätten. Was die liberalen Kritiker vom Populismus befürchten, die Besetzung des demokratischen Zentrums und die Einschränkung des Pluralismus, sei in den westlichen Demokratien bereits eingetreten. Das demokratische Zentrum werde nämlich von einem Neoliberalismus besetzt gehalten, der die bestehende Wirtschaftsverfassung als »alternativlos« rechtfertige; und dieser Zustand werde von einem liberalen und deliberativen Demokratieverständnis abgesichert, das jegliche über den Status quo hinausgehende Kritik an den politischen Verhältnissen als »undemokratisch« oder »unvernünftig« aus dem Raum des Sagbaren ausschließen wolle. Was die Demokratie auszeichne, die Offenheit für Dissens, der Wettstreit grundlegender politischer Alternativen sowie die Befriedung politischer Feindschaft durch ihre Transformation in demokratische Gegnerschaft, werde auf diesem Wege unmöglich gemacht. Die Demokratie gefährde sich dadurch selbst, denn Opposition und Dissens würden nun auf anderen, tendenziell antidemokratischen Wegen artikuliert.

Mouffe und Laclau stimmen darin überein, dass sie den Populismus nicht, wie das im Liberalismus der Fall ist, als das Andere der Demokratie betrachten. Vielmehr betonen sie, wenn auch mit unterschiedlichen Akzenten, die Unhintergehbarkeit populistischer Mobilisierungen gerade auch für ein linkes politisches Projekt.

Laclau (2005a; 2005b) entwickelt seine Theorie des Populismus mittels einer Kritik der Populismusforschung. Er attestiert dieser ein Theoriedefizit und einen Moralüberschuss. Sie fasse den Populismus als eine simplifizierende, rhetorisch dichotomisierende und inhaltlich eher diffuse Ideologie oder Bewegung auf. Die Populismusforschung diene bloß der Verdammung populistischer Akteure, theoretisch bleibe sie unterbestimmt und verharre auf der Ebene der Beobachtung bzw. der willkürlichen Auswahl äußerer Merkmale. Vor allem könne sie nicht erklären, warum Populisten inhaltlich häufig so vage und diffuse politische Ziele verfolgten und welche politische Funktion die populistische Simplifizierung und Dichotomisierung erfüllt. Nur wenn man den Populismus als die spezifische Form einer diskursiven Praxis der Artikulation begreife, werde diese Funktion deutlich.

Laclaus eigene Theorie des Populismus ist eine Theorie der Bildung und Herausforderung von Ordnung. Ihr zufolge ist die Ordnung stabil, wenn sie durch eine »Logik der Differenz« beherrscht wird. Damit ist ein Zustand der Institutionalisierung gemeint, d.h. eine Ordnung, in der unterschiedliche Erwartungen gehegt und erfüllt werden (Laclau 2005b: 35). Die Ärzte behandeln die Kranken, die Polizei verfolgt Straftäter, und die Politiker umwerben ihre Wählerschaft. Werden diese Erwartungen aber enttäuscht, etwa weil die Ärzte für einige Kranke keine Zeit mehr haben, die Polizei bestimmte Straftaten nicht mehr verfolgt oder die Politiker einen Teil ihrer Wählerschaft ignorieren, entstehe die Möglichkeit, durch eine »Logik der Äquivalenz« all diese enttäuschten Erwartungen miteinander zu vereinen. Mit einer »Äquivalenzkette« könnten sie, auch wenn sie vielleicht nur wenig oder nichts miteinander zu tun haben, verbunden werden. Sie können dann als unerfüllte, berechtigte Forderungen und als Ausdruck eines größeren Problems dargestellt und somit auf ein diskursiv konstruiertes Kollektivsubjekt bezogen werden – auf »das Volk«, den Leidtragenden, Benachteiligten usw. Komme nun noch eine diskursive Praxis hinzu, die den sozialen Raum mittels einer Grenze (*frontier*) als dichotomisch gespalten konstruiert, in dem das Volk als das Kollektiv der Leidtragenden, Benachteiligten, der hart Arbeitenden usw. auf der einen Seite steht und ihr Gegenüber, das Establishment, die Elite usw. auf der anderen Seite, hat der Populismus die Bühne betreten. Er fordere die bestehende Ordnung heraus. Und da der Populismus identisch sei mit der Herausforderung und Änderung von Ordnung, sei er identisch mit dem Politischen.

Die häufig beobachtete, häufig kritisierte und laut Laclau zumeist unverstandene inhaltliche Vagheit populistischer Bewegungen spiele hierbei genauso eine Rolle wie die häufig zu beobachtende Fixierung populistischer Bewegungen auf eine Führungsfigur. Die Vagheit oder gar Leere populistischer Schlagworte, Parolen und Symbole habe die Funktion der Verbindung und Vereinheitlichung zahlreicher, heterogener enttäuschter Erwartungen und Forderungen. Hierfür eigneten sich »flottierende Signifikanten«, d.h. normativ-politische Begriffe, die mehrdeutig sind und Forderungen artikulieren, etwa »Gerechtigkeit« oder »Freiheit«. Gelinge die dichotome Spaltung des sozialen Raums anhand einer Grenze und die Verbindung von Forderungen mit einer »Äquivalenzkette«, stehe am Ende der Kette ein »leerer Signifikant«, der dem Ganzen symbolisch Halt und Struktur gebe. Diese Vereinheitlichung mittels inhaltlicher Leere werde zuweilen durch die Personalisierung der Enttäuschungen und Forderungen bzw. deren Symbolisierung anhand einer populistischen Führungsfigur und deren Namen (wie »Trump« oder »Le Pen«) auf die Spitze getrieben. In diesem Grenzfall würde die, stets temporäre und prekäre, Geschlossenheit nur noch durch eines konstituiert und konstruiert – durch den Namen der Führungsfigur.

Mit dieser Bestimmung des Populismus als einer bestimmten Form diskursiver Mobilisierung, die Kämpfe um Hegemonie sind, ist nichts darüber ausgesagt, welche Folgen die Mobilisierung hat – ob sie etwa nach einer Zeit ins Leere läuft und sich zerstreut, ob sie zur Schaffung neuer Institutionen führt, die auf die erhobenen Forderungen antworten, oder ob sie als Stachel im Fleisch der Ordnung für einen längeren Zeitraum virulent bleibt. Laclau scheint anzunehmen, dass dies letztlich kontingent ist und von der politischen Praxis abhängt, über die aus theoretischer Perspektive und im Vorwege nichts ausgesagt werden kann. Was Laclau indes sagt, ist, dass die beiden denkbaren Extreme, eine vollkommen stabile Institutionalisierung auf der einen Seite sowie eine universale Herausforderung aller Institutionen durch den Populismus auf der anderen Seite, gleichermaßen unmöglich sind. Vielmehr sei historisch immer ein unberechenbares Widerspiel zwischen institutionalisierten Ordnungen und ihrer populistischen Herausforderung zu beobachten.

Laclau legt besonderen Wert auf die Feststellung, dass seine Bestimmung des Populismus rein formaler Natur sei und von Inhalten abstrahiere: »the concept of populism that I am proposing is a strictly *formal* one«. (Laclau 2005b: 44, Herv. i. O.) Seine Theorie lege nur die Logik frei, nach der eine Ordnung politisch verändert werden könne. Tatsächlich ist sein Formalismus problematisch, da es politisch einen großen Unterschied macht, ob der leere Signifikant »die Nation«, »die weiße Rasse« oder »die Demokratie« heißt.

An dieser Stelle setzt dann auch eine scharfe Kritik von Karin Priester an, die Laclau vorwirft, die »Trennlinie zwischen rechts und links« zu verwischen (2014: 240) und eine fragwürdige »Personalisierung der Politik« zu befürworten. Laclau »will den Führer, darf ihn aber nicht wollen, weil dies mit seinem (und Mouffes) Bekenntnis zum westlichen Pluralismus kollidiert. [...] Er will, was er als Pluralist nicht wollen kann: Ein wahrer Volksführer soll die Linke aus der Sackgasse führen.« (ebd.: 186)

In der Tat stellt Laclau seine Theorie zwar in eine sozialistische Tradition, die Grundidee seiner Theorie weist jedoch erstaunliche Parallelen zu einer Theorie auf, die eher der autoritär-rechten Theorietradition zuzuordnen ist, nämlich zu Georges Sorels (1981) Theorie des politischen Mythos. Sorel hatte sich

Anfang des 20. Jahrhunderts gefragt, wie eine kollektive politische Mobilisierung und Herausforderung der existierenden Ordnung möglich ist. Seine Antwort: durch politische Mythen – Bilder, in denen die Gesellschaft simplifiziert und dualistisch in zwei Lager gespalten wird und die einem Lager kollektive Handlungsmacht zusprechen.

Mit Blick auf die Frage nach der Bewertung ist aber deutlich, was Laclaus Position gegenüber dem Populismus ist. Als eine Politik der grundlegenden Herausforderung von Ordnung bietet populistische Politik auch nach dem Ende des Marxismus die Möglichkeit einer sozialistischen Umgestaltung und ist vor diesem Hintergrund für Laclau etwas Positives.

Auch Chantal Mouffe (2007; 2018) setzt auf einen linken Populismus, doch betont sie stärker als Laclau die Vorzüge der liberalen Demokratie. So akzeptiert sie deren grundlegende Institutionen wie Rechtsstaatlichkeit, Parteien und Parlamente, kritisiert jedoch eine zunehmende Entpolitisierung der Demokratie und erhofft vom Populismus eine Repolitisierung von links. Ihr Ausgangspunkt ist eine Zeitdiagnose, der zufolge die westlichen Demokratien durch eine postpolitische Konstellation gekennzeichnet sind. Grundlegende Ordnungsfragen und die Austragung von Konflikten würden aus der Öffentlichkeit herausgedrängt. Ursächlich hierfür seien vier Prozesse: Moralisierung, Konsensorientierung, Juridifizierung und die Vorherrschaft des Liberalismus.

Infolge der Moralisierung seien grundsätzliche politische Fragen verstärkt in ein moralisches Register übersetzt und damit aus dem Bereich des öffentlich Diskutierbaren herausgehalten worden. Mouffe plädiert nicht für eine restlose Entmoralisierung von Politik zugunsten eines amoralischen Machiavellismus, aber sie besteht darauf, dass Demokratie auf das Offenhalten der politischen Debatte angewiesen ist. Und abweichende Meinungen könnten sich nur dann politisch Gehör verschaffen, wenn der Raum des öffentlich Sagbaren nicht durch einen dominanten Moraldiskurs eingeschränkt werde.

Zu dieser Einschränkung des Sagbaren habe auch die immer stärker werdende Konsensorientierung beigetragen. Konsensorientierung bezeichnet die Erwartung, politische Fragen könnten und sollten einvernehmlich beantwortet werden. Sie zielt auf die breite Einbindung aller Positionen, habe aber einen paradoxen Effekt. Weil sie das Einverständnis so hoch werte und annehme, politische Fragen könnten, guten Willen einmal vorausgesetzt, konsensual gelöst werden, produziere sie systematisch Enttäuschung. Denn politische Fragen seien durch ihre konflikthafte, fast nie einvernehmlich auflösbare Gegensätzlichkeit gekennzeichnet – durch einen »Antagonismus«. Dieser könne zwar durch Kompromisse eingehegt werden; durch einen allgemeinen Konsens überwunden werden könne er aber nicht. In der Politik bleibe immer etwas Unversöhnliches.

Wer trotzdem an der Konsensorientierung festhalte, löse den daraus resultierenden Widerspruch möglicherweise so auf: Er schließt die nicht Einwilligenden als böswillige oder unvernünftige Konsensstörer aus dem Kreis der »guten Demokraten« aus. Gelingt dies, engt es den Raum des politisch Diskutablen ein. Die dadurch aus der Willensbildung und Diskussion herausgehaltenen Konflikte und Gegensätze bestehen aber weiter. Durch Juridifzierung würden sie vermehrt in das Rechtssystem verschoben und dort, gewissermaßen unter der Hand, entschieden. Hierzu trügen nicht zuletzt auch Berufspolitiker und Parteien bei; sie nähmen von besonders strittigen oder unpopulären Entscheidungen Abstand und legten sie Gerichten vor, die diese dann in Form von Richterrecht treffen, d.h., die Entscheidung der Richter ist der Sache nach keine juristische, sondern eine politische, sie mündet in neues, durch Richter und nicht durch

Politiker geschaffenes Recht. Wie man an der zu einem großen Teil durch Richterrecht entstandenen Marktverfassung der Europäischen Union sehen könne, sind damit zum Teil weitreichende Strukturentscheidungen verbunden – über die öffentlich nicht gestritten worden sei und für die am Ende kein Politiker direkt Verantwortung übernimmt (Mouffe 2002: 3).

Mouffe zufolge ist die Idee der liberalen Demokratie, die sie im Kern bejaht, durch eine irreduzible Spannung zwischen Freiheit und Gleichheit gekennzeichnet. In den letzten beiden Jahrzehnten sei es jedoch zur Vorherrschaft eines individualistisch gedachten Freiheitsverständnisses und einer Zurückdrängung des Gleichheitsprinzips gekommen. Die Konsequenz hiervon sei ein einseitiges Verständnis von Demokratie. Demokratie werde in der hegemonialen, liberalen Sinndeutung als ein Regime begriffen, das durch die Verbindung von Menschenrechten mit kapitalistischer Marktwirtschaft charakterisiert sei. Mouffe wendet dagegen ein, dass die Menschenrechte zwar eine aus einem historischen Kompromiss zwischen Liberalen und Demokraten entstandene Ergänzung, aber keine hinreichende Bedingung für Demokratie seien. Wesentlich für die Demokratie sei die symbolische Bedeutung von Volkssouveränität und das damit verbundene Versprechen, die Bürgerschaft könne auf grundlegende politische Entscheidungen Einfluss nehmen und zwischen politischen (Ordnungs-)Alternativen wählen. In der »postpolitischen« Konstellation – Mouffe verwendet hierfür auch den Begriff der »Postdemokratie« – werde dieses Versprechen jedoch systematisch gebrochen. Doch der hegemoniale Liberalismus sei nicht nur für eine Entpolitisierung verantwortlich, sondern habe mit seiner Politik des »dritten Weges« auch zu einer zunehmenden sozialen Spaltung geführt und in diesem Sinne das Gleichheitsprinzip unterminiert. Wie wir oben gesehen haben, kritisiert Mouffe damit insbesondere sozialdemokratische Parteien, denen sie vorwirft, die Interessen ihrer ehemaligen Stammwähler nicht mehr zu vertreten. Diese hätten sich daher zunehmend rechtspopulistischen Parteien zugewandt.

Den Rechtspopulismus interpretiert Mouffe also als eine Reaktion auf diese »postpolitische« Konstellation. Er entfache Leidenschaften, berufe sich auf kollektive Identität und stehe symbolisch für eine politische Alternative. Er sei zwar fremdenfeindlich und propagiere eine unrealistische und inakzeptable Programmatik. Aber in gewisser Weise stellt Mouffe ihn auch als ein Vorbild dar, dem die Linke nacheifern solle, nur eben unter »linken« Vorzeichen. Denn im Gegensatz zu zeitgenössischen Linken verstünden die Rechtspopulisten etwas von Politik: Politik fuße immer auf der Konstruktion eines Wir/sie-Gegensatzes, bei der Symbole, Leidenschaften und alternative Ordnungsideen mobilisiert werden müssten. Vor diesem Hintergrund plädiert Mouffe für das politische Projekt eines für die Ausweitung von Demokratie eintretenden Linkspopulismus (2019). Es gelte, den sozialen Raum anhand einer neuen Grenze zu strukturieren. Auf der einen Seite solle der Neoliberalismus stehen, auf der anderen die zahlreichen linken Parteien und Protestbewegungen, deren Forderungen zu einem neuen gegenhegemonialen Projekt verbunden werden sollten. Das Mobilisierungspotenzial dieses Linkspopulismus sieht sie in den zahlreichen Enttäuschungserfahrungen, die viele Menschen infolge neoliberaler Politik machten, etwa durch Privatisierungen, Sparmaßnahmen und den Verfall öffentlicher Einrichtungen wie des Gesundheitswesens oder des Bildungssystems.[51]

Wie im Schlusskapitel deutlich wird, teilen wir im Großen und Ganzen Mouffes Zeitdiagnose und ihren Hinweis, die Demokratie erfordere grundlegende Alternativen zu dem, was wir als einen »postdemokratischen Liberalismus« begreifen. Doch soll an dieser Stelle zumindest auf zwei theoretische Schwachpunkte hingewiesen werden. Mouffe teilt mit Laclau ein agonistisches Politikverständnis. Dabei hat sie sich stark an Carl Schmitt und dessen *Begriff des Politischen* (1963) angelehnt, in dem Schmitt das Politische als einen Freund-Feind-Gegensatz begreift. Mouffe möchte diesen starken Antagonismus demokratieaffin einhegen und schlägt zu diesem Zweck vor, die Schmitt'sche Kategorie des antagonistischen Feindes durch die des agonalen Kontrahenten zu ersetzen. Letzterer sieht in denjenigen Personen, die eine andere Konzeption des Guten vertreten und mit ihm um die temporäre Hegemonie innerhalb des demokratischen Rahmens streiten, keine prinzipiellen Feinde. Kontrahenten wollen zwar wechselseitig verhindern, dass die Ideen der Anderen hegemonial werden, doch sie stellen nicht deren Recht in Abrede, für ihre Ideen zu streiten. Mouffe: »Liberale, demokratische Politik setzt voraus, die ›Anderen‹ nicht als Feinde wahrzunehmen, die es zu vernichten gilt, sondern als Kontrahenten, deren Ideen es zwar – mit aller Schärfe – zu bekämpfen gilt, deren Recht, für diese Ideen einzutreten, aber nicht infrage gestellt werden darf.« (Mouffe 2014: 28)

Allerdings bleibt offen, wie das Umschlagen von einem agonalen in einen antagonistischen Konflikt vermieden werden kann. Denn eine entscheidende Voraussetzung von Mouffes Modell ist: Die Kontrahenten müssen einander wechselseitig so weit vertrauen können, dass sie nicht befürchten, der Gegenüber könnte seine Freiheit dazu missbrauchen, den Wettstreit der Ideen im eigenen Interesse und auf freiheitsgefährdende Weise zu beschränken oder zu manipulieren. Es ist aber zweifelhaft, ob diese Voraussetzung als gegeben unterstellt werden kann. »Wie können wir unseren Mitbürgern vertrauen?« (Offe 2001) Diese vor einiger Zeit von Claus Offe aus politiktheoretischer Perspektive aufgeworfene Frage würde eine wachsende Zahl der Bürger und Bürgerinnen gegenwärtig wohl so beantworten: gar nicht.

Deswegen stellt sich noch ein weiteres, praktisches Problem. Mouffe orientierte sich in jüngerer Zeit stark an den globalisierungskritischen Bewegungen, die eine emphatische Haltung zur Demokratie zeigen. Damit geht indes eine Selektivität einher: Die beteiligten Aktivisten verfügen zumeist über höhere Bildungsabschlüsse, entstammen dem links-alternativen Milieu und weisen einen spezifischen Habitus auf. Überdies sind die Neuen Sozialen Bewegungen flüchtige Gebilde; gerade die jüngeren unter Ihnen wie *Occupy Wall Street* haben sich als sehr kurzlebig erwiesen. Eine offene Frage ist, ob diese soziale Selektivität und die Flüchtigkeit der Protestform durch die Parteiform, an der sich Mouffe neuerdings verstärkt orientiert, überwunden werden können.

5.3 Vermittelnde Positionen

Die nun abschließend vorzustellenden Ansätze nehmen eine Zwischenstellung ein: Sie plädieren für ein klares Sowohl-als-auch. Der Populismus stelle weder eindeutig eine Gefahr für die Demokratie dar, noch habe er ausschließlich positive Effekte für sie. Für sich genommen und mit zu viel Macht ausgestattet, könne er die Demokratie gefährden, aber sofern er durch responsive demokratische Parteien und stabile Institutionen in Schach gehalten werde, sei er ein Hinweis auf Probleme und Missstände, der nicht vorschnell ignoriert oder verdammt werden dürfe. Populismus könne ein Anlass für Reformen sein und er repräsentiere zudem genuin demokratische Ansprüche.

Oben haben wir bereits auf Margaret Canovans Unterscheidung zwischen einer pragmatischen und einer erlösenden (redemptiven) Säule der liberalen Demokratie hingewiesen.[52] Ihr zufolge erwarten Bürgerinnen und Bürger von der Demokratie nicht nur, dass sie als Regierungssystem funktioniert und verlässlich für Sicherheit und Ordnung sorgt – etwa mit Blick auf die Besetzung von Ämtern, die friedliche Übergabe der Macht, die Findung von Kompromissen und die zufriedenstellende Erledigung der öffentlichen Aufgaben. Zuweilen erhoffen sie sich von der Demokratie auch noch etwas anderes: die kollektive leidenschaftliche Ausübung von politischer Macht, die Änderung der Herrschaftsverhältnisse zugunsten von mehr Gerechtigkeit und die radikale Verbesserung der Lebensumstände durch eine demokratische Rebellion gegen die Regierenden. Mit anderen Worten: Mit Demokratie wird in der populären Imagination nicht nur die friedliche und zielorientierte Erledigung der alltäglichen öffentlichen Angelegenheiten durch regierende Eliten verbunden, sondern auch die Möglichkeit des Zum-Teufel-Jagens der herrschenden Eliten durch das Volk. Canovan unterstreicht damit: Im Populismus werden demokratische Ansprüche artikuliert – wenn auch auf eine einseitige Weise.

Canovan zufolge steht der Populismus also für die »erlösende« Säule der Demokratie. Denn der Populismus verspreche eine Neuordnung der politischen Landschaft und er bilde einen, phasenweise virulenten, Kontrapunkt gegen den alltäglichen Lauf der Dinge. Damit ist der Populismus notwendigerweise blind für die pragmatischen Notwendigkeiten des alltäglichen Politikmachens – Max Webers berühmtes »starkes langsames Bohren von harten Brettern« – und kann insofern als regierungsuntauglich gelten. Jedenfalls ist er es immer dann, wenn er seine Identität und seinen populistischen Charakter bewahren will. Er repräsentiere gleichwohl eine Seite der Demokratie, auf die viele Bürgerinnen und Bürger nicht verzichten wollen und die genuin zur Demokratie dazugehöre. Der Populismus werde die Demokratie deshalb auch stets wie ein Schatten begleiten. Und dieser Schatten ist umso größer, je stärker die Versprechen der Demokratie von einem allzu pragmatischen – oder liberalen – Politikmodus enttäuscht werden.

Eine ähnliche Position vertritt auch Benjamin Arditi (2003; 2005). Er hat den Populismus als eine »interne Peripherie der liberal-demokratischen Politik« gedeutet (Arditi 2003: 20). Einerseits zeige der Populismus die Tendenz zur Grenzüberschreitung; er neige dazu, undemokratische Repräsentationspraktiken zu propagieren, etwa wenn populistische Führer beanspruchen, das ganze Volk zu repräsentieren, oder wenn sie gegen rechtsstaatliche Verfahren Stimmung machen. Andererseits kann man, um im Bild zu bleiben, manchmal vom Rande aus besser sehen, was in der Mitte geschieht, und so auf Probleme hinweisen, die von der Mitte aus unsichtbar sind oder unbedeutend erscheinen. Und das ist es, was die Demokratie vom Populismus lernen könne – zu sehen, was ihr sonst verborgen bleibe. Dadurch könnten dann Reformen in der Mitte angestoßen werden.

Arditi zufolge hat der Populismus aufgrund seiner randständigen Position und seiner ambivalenten Natur stets das Potenzial, nach beiden Seiten auszuschlagen: »Populism can flourish as a fellow traveler of democratic reform movements *and* put democracy in jeopardy.« (ebd.: 29) Der Populismus nimmt für Arditi damit in der Demokratie eine ambivalente Stellung ein. Um sie zu illustrieren, vergleicht er ihn mit einem lauten Gast bei einer privaten Feier: Dieser lässt sich nicht durch Höflichkeitserwartungen und Anstandsregeln bremsen und sorgt deshalb für Unbehagen, lässt sich aber auch nicht herauskomplimentieren. Er mag stören, und manchmal ruiniert er die Stimmung oder die ganze Party, aber er gehört dazu. Und wenn auf der Feier jemand die furchtbare Musik anspricht, dann er.

Diesen ambivalenten Charakter des Populismus hebt auch Cristóbal Rovira Kaltwasser (2011) hervor. Er deutet den Populismus mit einem Schema, das die Demokratie als Entwicklungsprozess versteht. In einem Stadium unvollständig ausgebildeter Inklusion der Bevölkerung könne der Populismus durchaus positive Effekte haben. So seien in Lateinamerika kulturelle, sozioökonomische und politische Exklusionsprobleme nicht zuletzt durch Populisten angegangen worden. Kaltwasser argumentiert darüber hinaus, dass sozioökonomische Exklusion einen negativen Effekt auf die Wahrnehmung politischer Partizipationsmöglichkeiten hat, da die Ausübung des Wahlrechts und politische Beteiligung insgesamt nicht zuletzt durch sozioökonomische Faktoren beeinflusst werden (Kaltwasser 2011: 197). Insofern sei populistische Inklusionspolitik als ein Beitrag zur Entwicklung der Demokratie zu werten. In einer voll entwickelten, d.h. liberalen Demokratie und vor allem mit Blick auf den Wert des politischen Wettbewerbs lägen die Dinge jedoch anders. Hier berge insbesondere das illiberale, die Meinungspluralität und den offenen politischen Wettbewerb ablehnende Politikverständnis von Populisten eine Gefahr für die Demokratie. Allerdings könne der Populismus auch in einer liberalen Demokratie einen heilsamen Effekt haben, und zwar dann, wenn er der Entpolitisierung entgegenwirke, die infolge übermäßiger Konstitutionalisierung und Verrechtlichung droht.

In einer gemeinsamen Publikation haben Cas Mudde und Cristóbal Rovira Kaltwasser ihre Forschung über die negativen und positiven Effekte des Populismus auf die Demokratie zusammengefasst. Auch hier fällt das Ergebnis ambivalent aus: Auf der einen Seite könne der Populismus bisher vernachlässigte Gruppen und Themen politisch wieder ins Spiel bringen, die Responsivität der politischen Ordnung erhöhen und benachteiligte Bevölkerungsteile inkludieren. Auf der anderen Seite stelle er eine Gefahr für Minderheiten, deren Rechte sowie für die Grundrechte überhaupt dar, weil er für eine ungebremste Mehrheitsherrschaft votiere und zum Nationalismus neige. Überdies stelle sein konfrontativer Politikstil ein Hindernis für die Bildung von Kompromissen und Koalitionen dar. Damit, so resümieren Mudde und Kaltwasser, stehe Populismus zwar keineswegs im Gegensatz zur Demokratie. Er befinde sich aber in starker Spannung zur liberalen Demokratie: »In essence, populism is not against democracy; rather it is at odds with *liberal* democracy. It is a set of ideas that defends extreme majoritarianism and supports a form of illiberal democracy. Populism strongly champions popular sovereignty and majority rule but opposes minority rights and pluralism. But even its relationship with liberal democracy is not one-sided.« (Mudde/Kaltwasser 2017: 95)

Zeitdiagnostisch kommen Mudde und Kaltwasser zu einem ähnlichen Urteil wie Chantal Mouffe: Verfassungsgerichte, supranationale Institutionen und technokratische Regime wie die Europäische Zentralbank und der Internationale Währungsfond erlangen einen beträchtlichen Zugewinn an politischer Macht und damit verstärkte Kontrolle über wichtige Politikfelder; zudem beschränke die Implementation neoliberaler Reformen die Handlungsfähigkeit der demokratischen Nationalstaaten zugunsten von Wirtschaftsunternehmen, transnationalen Organisationen und den internationalen Märkten. In dieser Konstellation stelle der Populismus im Wesentlichen eine illiberale demokratische Antwort auf einen undemokratisch gewordenen Liberalismus dar (ebd.: 116 f.). Die Argumentation von Mudde und Kaltwasser läuft somit auf die These hinaus, dass der zeitgenössische Populismus eine Reaktion auf einen übersteigerten Liberalismus ist, der sich von der Demokratie entkoppelt hat. Im Gegensatz zu Mouffe plädieren sie indes nicht für einen neuen Linkspopulismus, sondern sie fordern eine offene Debatte, in der diese Reaktion diskutiert und auf eine Art und Weise aufgenommen werden kann, die kompatibel ist mit liberal-demokratischer Politik. Dieser Lösungsvorschlag mag normativ attraktiv sein, er steht jedoch im Widerspruch zu ihrer realistischen Diagnose, dass sich der Liberalismus aus seiner Einbettung in demokratische Institutionen herausgelöst hat.

6. Epilog: Sozialwissenschaft im postdemokratischen Liberalismus. Für eine Theorie des Populismus jenseits von Moralisierung

PEGIDA und die Erfolge der AfD, die Wahl von Donald Trump, die Entscheidung der Briten, die Europäische Union zu verlassen, die Wahlkämpfe des Jahres 2017 in Österreich, den Niederlanden und Frankreich und nicht zuletzt die Entwicklungen in Ungarn und Polen haben in der Öffentlichkeit und den Sozialwissenschaften eine intensive Debatte über den Populismus entfacht. Auch für uns war das Anlass, uns eingehender mit dem zu beschäftigen, was als Populismus bezeichnet wird. Ausgangspunkt war die folgende Beobachtung: Sowohl in der öffentlichen Debatte als auch in sozialwissenschaftlichen Publikationen zum Thema herrscht ein moralisierender Gestus vor.[53] Hierunter verstehen wir eine Art der Auseinandersetzung, die ein Phänomen ausschließlich auf als moralisch problematisch wahrgenommene Aspekte reduziert und sie mit einem Urteil über die Achtungswürdigkeit von Gruppen oder Personen verbindet.

Mit diesem moralisierenden Gestus sind drei grundlegende Probleme verbunden. Erstens ist er mit Blick auf die politische Auseinandersetzung Wasser auf die Mühlen jener Populisten, die eine Dichotomie zwischen den »abgehobenen Eliten« und den »einfachen Bürgern« behaupten. Wer sich auf die Demokratie beruft und populistische Opponenten (und direkt oder indirekt auch deren Wähler) moralisierend als Feinde der Demokratie brandmarkt, der begeht einen performativen Selbstwiderspruch. Denn Demokratie bedeutet: die Freigabe politischer Willensbildung durch die Entmoralisierung politischer Gegnerschaft (vgl. Luhmann 1991: 23–25). Die Moralisierung von Populisten jedoch reproduziert lediglich die populistische Gut/böse-Unterscheidung und sucht die Anhänger des Populismus gleichsam zu exkommunizieren: hier die guten Demokraten, dort die bösen Populisten. Das führt über kurz oder lang zu einer Situation, in der ein demokratischer Streit nicht mehr möglich ist. An die Stelle des Streits zwischen Opponenten tritt eine Freund-Feind-Logik. Zweitens führt Moralisierung dazu, dass man allzu schnell der Frage nach den Ursachen und Gründen populistischer Revolten ausweicht. Was mit Blick auf die breitere Öffentlichkeit noch nachvollziehbar, wenn auch in der Konsequenz problematisch erscheint, ist für die sozialwissenschaftliche Auseinandersetzung fatal. Denn dort muss es zuerst und zumeist darum gehen, soziale und politische Prozesse zu verstehen und zu erklären – um dann auf dieser Grundlage zu einer normativen Beurteilung und eventuell auch zu einer Handlungsempfehlung zu gelangen. Gewiss gibt es, wie in den vorangegangenen Kapiteln deutlich geworden sein sollte, viele erhellende Theorien über den Populismus. Doch lässt sich nicht bestreiten, dass gerade in jüngerer Zeit das Unterfangen im Vordergrund stand, den Populismus als prinzipiell gefährlich darzustellen und die Protagonisten und Anhänger vor allem rechtspopulistischer Parteien als undemokratisch, illiberal, bisweilen auch schlichtweg als rassistisch zu etikettieren und auf diese Weise rhetorisch auszugrenzen. Beruft man sich auf die Demokratie, ist das so weit gerechtfertigt, wie es rechtsradikale Netzwerke, Gruppen und Politiker gibt, die den Rechtspopulismus als diskursive und organisatorische Plattform für ihre Ziele nutzen.[54] Doch selbst hier gilt: Mit der moralischen Verurteilung sind die damit bewerteten Phänomene leider nicht aus der Welt geschaffen. Und insofern sozialwissenschaftliche Arbeiten Diskurse darstellen, die die soziale Realität mitprägen, und in diesem Fall die Verurteilung des Populismus mit einer wissenschaftlichen Autorität versehen, können sie drittens auch mit dazu beitragen, dass jene soziale Realität bestätigt und in der Konsequenz auch verfestigt wird, die den populistischen Moment erzeugt: die Spaltung zwischen »Modernisierungsgewinnern« und »Modernisierungsverlierern«. Wie ist das zu verstehen?

Viele Sozialwissenschaftler sind, nicht zuletzt aufgrund ihrer Verortung im sozialen Raum und ihrer zumeist linksliberalen politischen Sozialisation, vehemente Gegner des Populismus. Frank Nullmeier liegt mit seiner Beurteilung der politischen Theoretiker richtig, diese würden sich gemeinhin »auf Seiten der als sozial verträglicher geltenden Werte« (Nullmeier 2016: 56) verorten; dies gilt auch und vielleicht in besonderem Maße für die gegenwärtige sozialwissenschaftliche Auseinandersetzung mit dem Populismus. Beispiele dafür haben wir im vorigen Kapitel anhand der liberalen und zum Teil auch der von uns so genannten vermittelnden Positionen gegeben. Beide stimmen darin überein, dass rechtspopulistische Revolten die liberalen Errungenschaften etablierter Demokratien bedrohen können. Dabei gehen sie jedoch von einem Idealmodell der liberalen Demokratie aus und spielen in der Konsequenz die auch in unseren Gesellschaften existierenden ökonomischen, kulturellen und politischen Spaltungslinien herunter. Anders ausgedrückt: Ein wesentlicher Effekt der Moralisierung besteht darin, dass man sich in der politischen Auseinandersetzung darauf beschränkt, den Populisten Rassismus, Nationalismus oder auch Sexismus, zumindest aber Ressentiment vorzuwerfen. Und in den Sozialwissenschaften, insbesondere in der politischen Theorie, geht es auf einer abstrakteren Ebene vorwiegend darum nachzuweisen, dass der Populismus sich aufgrund seines Antipluralismus nicht mit der liberalen Demokratie vertrage. Aus dem Blick gerät dabei jedoch die Frage nach den Ursachen der populistischen Revolte.

Die offene Frage ist unseres Erachtens nämlich nicht, ob der Populismus gut oder böse ist oder ob er der Demokratie zuträglich ist oder nicht. Hält man wie wir den zeitgenössischen Rechtspopulismus in Europa für demokratiegefährdend, ist die entscheidende Frage vielmehr: Warum ist er so erfolgreich? Und diese Frage wird unseres Erachtens vorschnell verdrängt, wenn man sich vorwiegend normativ mit dem Populismus auseinandersetzt. Unsere abschließende These lautet daher: Der gut gemeinte Antipopulismus verschleiert jene gesellschaftlichen Machtverhältnisse, die die populistische Revolte verursachen, und er blockiert eine Auseinandersetzung mit diesen Verhältnissen.

Im Folgenden geht es deshalb zunächst noch einmal um die Ursachen der gegenwärtigen Welle des Populismus in Europa und den USA. Dazu zählt an erster Stelle die Hegemonie des postdemokratischen Liberalismus. Unter postdemokratischem Liberalismus verstehen wir eine ideenpolitische wie auch institutionelle Ordnung, in der liberale Elemente wie individuelle Rechte und Marktfreiheiten den Bereich des demokratisch zu Entscheidenden mit zunehmender Tendenz begrenzen. Im postdemokratischen Liberalismus sind die grundlegenden Strukturentscheidungen und Verteilungsprinzipien mithin einer demokratisch legitimierten Veränderung entzogen. Hierzu zählen insbesondere die wirtschaftliche Ordnung, die Eigentumsrechte, das Bildungssystem sowie die dadurch erzeugten sozialen Hierarchien. Es existiert eine Hegemonie liberaler Werte und es gibt ein Primat negativer Rechte gegenüber sozialen Rechten; rechtliche wie politische Diskriminierungen gelten als illegitim. Zugleich handelt es sich um eine Ordnung, die durch eine zunehmende soziale Ungleichheit und vor allem durch eine ungerechte

Verteilung von Lebenschancen und Privilegien gekennzeichnet ist (vgl. Urbinati/Zampaglione 2016; Piketty 2014).

Einkommen, Prestige und andere Güter werden zwar maßgeblich politisch verteilt. Doch der postdemokratische Liberalismus führt dazu, dass nicht alle gleichermaßen über diese Verteilung mitbestimmen können, weil die Strukturen, die die Privilegien sichern, der demokratischen Gestaltung weitgehend entzogen sind. Beispiele hierfür lassen sich vor allem auf der Ebene der Europäischen Union finden. Die Europäischen Verträge »entziehen wesentliche Teile des Europarechts der nationalen und der europäischen Gesetzgebung und errichten, da sie seine Änderung an den einstimmigen Beschluss aller Gliedstaaten binden, eine Änderungsschwelle, die weit höher liegt als die qualifizierte Mehrheit oder die einfache Mehrheit eines Referendums, wie sie für nationale Verfassungsänderungen üblich sind« (Brunkhorst 2014: 511). Hauke Brunkhorst betont zu Recht, dass damit eine neoliberale Wirtschaftsordnung vorprogrammiert ist, was sich etwa anhand der konstitutionell verankerten Wettbewerbsfreiheit oder auch an den Konvergenz-Kriterien, die im Maastricht-Vertrag festgeschrieben sind, zeigt. Dies wiederum führt zu einer Pfadabhängigkeit geld- und wirtschaftspolitischen Handelns in den Mitgliedsländern der Europäischen Union, denen sich die demokratisch gewählten Parlamente in den Mitgliedsländern beugen müssen.

Die Wortführer des postdemokratischen Liberalismus in Wissenschaft, Medien, Ökonomie, Kultur und Politik beschreiben die Struktur der westlichen Gesellschaften zwar zumeist als veränderungsbedürftig, doch es ist von »notwendigen Reformen« die Rede, um die »Wettbewerbsfähigkeit« zu steigern. In der Ökonomie setzen sie auf mehr Öffnung und Rationalisierung, wobei sich ihre Zielwerte an der Funktionslogik der Privatwirtschaft orientieren. Kulturell fordern sie mehr Toleranz und politisch streiten sie für mehr zivilgesellschaftliche Partizipation. Zugleich scheuen sie selbst eine politische Positionierung und bezeichnen sich weder als links noch als rechts. Grundlegende Kritik an dieser Gesellschaftsform, insbesondere aber am Kosmopolitismus und Freihandel wird von ihnen als unvernünftig, indiskutabel oder gar böswillig ausgegrenzt. Das trifft vor allem die Kritik an der Europäischen Union, die als nationalistisch und eben rechtspopulistisch abgetan wird. Die Kritik des postdemokratischen Liberalismus hingegen wird mit Ignoranz und Schweigen gestraft. Sie wird formuliert und in kleineren Zirkeln diskutiert, aber in der breiten Öffentlichkeit als nicht politikfähig und illusorisch verurteilt. Oder aber sie wird dadurch erledigt, dass man sie mit der rechtspopulistischen Kritik gleichsetzt. Vor allem die Sinnvermittler und Entscheidungseliten in den Medien und Parteien sorgen dadurch für eine Form der repressiven Toleranz, die die gegebene Gesellschaft als beste aller möglichen Welten vor grundsätzlicher Kritik und tiefgreifender Veränderung abzuschirmen versucht.

Doch zugleich versagen die westlichen Demokratien einem beträchtlichen Teil ihrer Bürgerinnen und Bürger die kulturelle, ökonomische und politische Teilhabe. Bürgerrechte sollten jene Ressourcen gewährleisten, die für die Verwirklichung der persönlichen und der politischen Freiheit notwendig sind: Bildung, ökonomische Sicherheit, frei verfügbare Zeit. Doch dies gelingt immer weniger. Rechte werden im postdemokratischen Liberalismus mithin nicht als das verstanden, was sie in einer Demokratie primär sein sollen: Ermöglichungsbedingung für die persönliche und die politische Freiheit. Sie entwickeln sich vielmehr zu einem Instrument der Verteidigung von Privilegien; und sie werden zu einem Instrument der Behauptung einer Gruppenidentität für diejenigen, die über Deutungsmacht verfügen, um sich oder andere als nicht hinreichend anerkannt oder als diskriminiert zu definieren. Dadurch sind lange bestehende Strukturen des Ausschlusses und der Demütigung von Minderheiten kritisierbar geworden, und gerade mit Blick auf sexuelle Minderheiten und die Inklusion von Frauen wurde ein wirklicher Rechtsfortschritt erreicht.

Dieser Rechtsfortschritt kommt allerdings aufgrund seiner hauptsächlichen Fokussierung auf Prozesse der Marktinklusion und der Anerkennung von Gruppenidentitäten tendenziell denjenigen zugute, die über politischen Einfluss und Marktmacht verfügen. So profitieren beispielsweise vom 2007 in Deutschland eingeführten Elterngeld vorwiegend Paare aus der oberen Mittelschicht. Polemisch gesagt, werden auf diese Weise Überseereisen von der Allgemeinheit der Steuerzahler subventioniert. Und auch von den vielen Maßnahmen der Gleichstellungspolitik profitieren eher Frauen mit Hochschulabschluss als die schlecht entlohnte Kassiererin oder die ebenso schlecht entlohnte Reinigungskraft mit Migrationshintergrund. Zudem werden viele Privilegien von diesem Rechtsfortschritt nicht herausgefordert: Patente, Eigentumsrechte und Marktbegrenzungen schützen große Unternehmen und Kapitaleigentümer sowie die »Freien Berufe« wie Apotheker, Ärzte und Rechtsanwälte vor unerwünschter Marktkonkurrenz; Reichtümer, Bildungsvorteile, politischer Einfluss und Zugangschancen für hochdotierte, sichere und prestigeträchtige Positionen der Ober- und Mittelklasse werden an die nächste Generation vererbt – so wie soziokultureller Ausschluss, ökonomische Prekarität und politische Einflusslosigkeit in der Unterklasse.[55] Von dem öffentlich so viel gepriesenen offenen Wettbewerb nehmen sich die schon Bevorrechtigten und Begünstigten aus. Der postdemokratische Liberalismus schützt die bestehende Privilegienstruktur, indem er die Gesellschaftsstruktur vor grundlegender Veränderung abschirmt.

Im vierten Kapitel haben wir auf die Entstehung einer neuen Spaltungslinie (*cleavage*) hingewiesen; sie ist ein Ausdruck des postdemokratischen Liberalismus und verläuft zwischen den »Modernisierungsgewinnern«, die überwiegend kosmopolitisch orientiert sind, und den »Modernisierungsverlierern« mit überwiegend traditionalistischen Einstellungen. Wichtig ist, daran zu erinnern, dass man sowohl ökonomisch als auch kulturell zu den »Modernisierungsverlierern« zählen kann. Es ist nämlich nicht allein die Angst vor wirtschaftlichem Status- und Einkommensverlust, sondern auch die Erfahrung, dass die eigenen Werte, Lebensstile und Arbeitsweisen abgewertet werden, welche sich im Rechtspopulismus politisch artikulieren. Dennoch finden sich auf der Seite der »Verlierer« vorwiegend Menschen, die nicht über höhere Schulabschlüsse verfügen und in den letzten Jahrzehnten auch ökonomisch unter Druck geraten sind (vgl. Iversen/Soskice 2019). Der Populismus artikuliert und politisiert die mit dieser neuen Konfliktlinie entstandenen Gegensätze. Dabei kommt es im Rechtspopulismus zu einer Verquickung von Identitätspolitik und Interessenpolitik: Privilegien, Ungerechtigkeit und Unfreiheit werden in erster Linie nicht als ökonomische oder politische Probleme diskutiert, sondern in kulturelle Probleme umdefiniert. Das wurde möglich, weil die Hegemonie des postdemokratischen Liberalismus zu einer Veränderung des öffentlichen Vokabulars geführt hat, in dem Erfahrungen gedeutet und Konflikte ausgetragen werden. Dabei werden Erfahrungen der Ausbeutung und die sie begleitenden Praktiken der Erniedrigung und Unfreiheit nicht mehr als Effekt ungleicher politischer Macht artikuliert, sondern als Probleme der Diskriminierung oder der fehlenden Anerkennung. Die vor diesem Hintergrund von Liberalen betriebenen, aber auch von Linken geforderten Politiken der Anerkennung und der Antidiskriminierung setzen jedoch ihrerseits Deutungsmacht voraus, die es Gruppen ermöglicht, sich oder andere als diskriminiert oder nicht anerkannt zu definieren. Politische Deutungsmacht steht indes nicht allen in gleicher Weise zur Verfügung. Der Populismus nutzt dies gleichsam parasitär aus, indem er jenen, die sich als Verlierer in den öffentlichen Deutungskämpfen begreifen, eine alternative Semantik anbietet, in der die Wiedereroberung des *heartlands* und Kollektividentitäten – der Kultur, Ethnie oder Nation – beschworen werden.

Sicherlich darf man aus all dem nicht schlussfolgern, dass Fremdenfeindlichkeit, Homophobie und Autoritarismus lediglich Effekte des postdemokratischen Liberalismus seien. Derartige Einstellungsmuster hat es auch zuvor in westlichen Gesellschaften gegeben, und das sogar in größerem Umfang. Entscheidend ist jedoch, dass es nicht nur zu einem rechtlichen Fortschritt gekommen ist. Zugleich erfolgte eine Verschlechterung der Lebenschancen vieler Menschen; eben das bringt der Begriff »Modernisierungsverlierer« auf den Punkt. Und im postdemokratischen Liberalismus erscheinen die dafür verantwortlichen gesellschaftlichen Strukturen – die Eigentumsverhältnisse, das Bildungssystem, der Wohnungsmarkt, der Arbeitsmarkt – als nicht mehr veränderbar.

Viele Angehörige des postmateriellen Milieus und der Gruppe der vornehmlich linksliberal eingestellten Sinn- und Meinungsvermittler begegnen dieser Herausforderung jedoch nicht adäquat, sondern ziehen sich auf eine Position zurück, die ebenfalls vor allem kulturelle Aspekte – die viel beschworenen »Werte« – ins Spiel bringt. Sie haben gegenüber den Protagonisten und Anhängern des Rechtspopulismus daher eine verstärkt moralisierende, ablehnende Haltung eingenommen, insbesondere mit Blick auf deren vermeintlich unvernünftige Lebensstile und Ansichten, von denen diese Menschen durch eine moralisierende Belehrung oder gar ein massenmedial und zumeist staatlich organisiertes Meinungsmanagement kuriert werden sollen. Die an den Protagonisten und Anhängern des Populismus und Rechtspopulismus kritisierten Einstellungen wie Fremdenfeindlichkeit, Ressentiment und Autoritarismus resultieren jedoch nicht aus einem bloßen Wissensdefizit, welches durch Information und die Vermittlung der »richtigen« Werte behoben werden könnte, sondern sie sind Ausdruck von Sozialisationsprozessen, die das Individuum im Kontext gesellschaftlicher Strukturen prägen. Werden sie allein im moralischen Register gedeutet, gerät dieser Zusammenhang aus dem Blick und wird der Kritik entzogen.

Ein zentrales Merkmal des postdemokratischen Liberalismus ist die kulturelle Öffnung der westlichen Gesellschaften im Zuge des oben beschriebenen Bedeutungsgewinns liberaler Werte wie Toleranz und Weltoffenheit genauso wie die politische Öffnung im Zuge von »Global Governance« und Europäisierung. Es sind auch diese Werte, die von zivilgesellschaftlichen Gruppen wie »Pulse of Europe« und linksliberalen Medien gegen den Rechtspopulismus verteidigt werden. Gleichwohl, und darauf hat die US-amerikanische Politikwissenschaftlerin Nancy Fraser in einem wichtigen Essay aufmerksam gemacht, spielt dieser »liberale Kosmopolitismus« dem Neoliberalismus in die Hände und führt so zu einer Verfestigung der bestehenden Privilegien (Fraser 2017). Fraser zeigt, dass es zu einer Interessenkoalition aus Neuen Sozialen Bewegungen, zu denen sie den Feminismus, den Antirassismus sowie die LGBTQ-Bewegung zählt, und den Speerspitzen des neoliberalen Kapitalismus, nämlich Silicon Valley und Wall Street, gekommen ist, die sie als »progressiven Neoliberalismus« bezeichnet. Fraser schreibt: »In dieser Allianz verbinden sich echte progressive Kräfte mit einer ›wissensbasierten Wirtschaft‹ und insbesondere dem Finanzwesen. Wenn auch unbeabsichtigt, leihen sie Letzteren dabei ihren Charme und ihr Charisma. Seither bemänteln – prinzipiell für sehr unterschiedliche Ziele einsetzbare – Ideale wie Diversität und Empowerment neoliberale Politiken, die zu einer Verheerung der alten Industrien mitsamt der Mittelklassen-Lebenswelten der in ihr Beschäftigten geführt haben.« (Fraser 2017: 78 f.)

Fraser verweist damit auf eine Entwicklung der US-amerikanischen Linken, deren längere Vorgeschichte bereits von Richard Rorty in seinem Buch *Stolz auf unser Land* beschrieben wurde (vgl. Rorty 1999).[56] In diesem Buch kritisiert Rorty die Entwicklung der akademischen Linken seit den 1960er Jahren. Er hat dabei insbesondere die kulturalistische Wende in den Geistes- und Sozialwissenschaften im Auge. Ihm zufolge handelt es sich bei dieser Wende um eine Reaktion der Linken auf den Vietnamkrieg und auf die Bürgerrechtsbewegung. Wie Rorty zu Recht hervorhebt, wurde mit der kulturalistischen Wende das Thema der Identität prominent. Es gerieten nun Fragen der Diskriminierung ins Zentrum des politischen Handelns. Mit Blick auf die Ausweitung von Rechten und den Abbau von Benachteiligungen gegenüber Minderheiten sowie hinsichtlich der Emanzipation der Frauen unterstreicht Rorty ausdrücklich die Verdienste und Erfolge, die mit dieser Entwicklung verbunden sind. Allerdings hatte die kulturalistische, auf Fragen der Identität fokussierte Sichtweise die Ausblendung ökonomischer Ausbeutung zur Folge und zerstörte in den USA die Koalition zwischen den Gewerkschaften, dem linken Flügel der Democratic Party und der akademischen Linken.

Was hat all das mit dem Rechtspopulismus zu tun? Für Rorty, und diese Einschätzung hat einiges für sich, ließen die kulturalistische Wende der akademischen Linken und die damit verbundene Entfremdung zwischen der Democratic Party und den Unterschichten ein politisches Vakuum entstehen, aus dem rechtspopulistische Kandidaten und Bewegungen ihre Anziehungskraft gewinnen. Entscheidend ist, dass es die Linke nicht mehr vermag, ihre traditionellen Wählermilieus anzusprechen, weil diese sich mit den neuen Werten und ihren Protagonisten nicht identifizieren können.[57] Rechtspopulisten stoßen in die Lücke, die die kulturalistische Wende hinterlassen hat, gerade weil es diese »neue« Linke nicht vermochte, neben der kulturellen Diskriminierung auch der Ausbeutung und der wachsenden sozialen Ungleichheit etwas entgegenzusetzen. Rorty führte mit Blick auf den US-amerikanischen Rechtskonservativen Patrick Buchanan und dessen Präsidentschaftskampagne aus: »Gleichzeitig mit der stetigen Verringerung des sozial anerkannten Sadismus sind wirtschaftliche Ungleichheit und Unsicherheit stetig angewachsen. Es ist, als könnte sich die amerikanische Linke immer nur auf eines konzentrieren [...] Ein Symptom dieser Unfähigkeit, zweierlei gleichzeitig zu tun, ist die Tatsache, dass es ordinären Demagogen wie Patrick Buchanan überlassen blieb, aus der wachsenden Kluft zwischen Reich und Arm politisches Kapital zu schlagen. [...] In Amerika wird jetzt das Bürgertum proletarisiert, und das dürfte zu einer populistischen Revolte von unten führen, wie sie Buchanan anfachen möchte.« (Rorty 1999: 80 f.)

Rortys These ist, dass die Hinwendung der US-amerikanischen Demokraten zu den Themen der Neuen Sozialen Bewegungen und die damit verbundene Vernachlässigung der alten sozialen Frage, die so alt anscheinend nicht ist, viele ehemalige Wähler abgeschreckt haben. In den USA hat sich entsprechend bereits während der 1990er Jahre jenes *cleavage* zwischen Kosmopoliten und Traditionalisten, das sich nun auch in Westeuropa bemerkbar macht, entwickelt und in den vergangenen Jahren zunehmend verfestigt. Rorty verweist, und das macht sein Buch mit Blick auf Europa aktuell, nicht nur darauf, dass der *cultural turn* der US-amerikanischen Linken mit der Vernachlässigung der Frage der Ausbeutung einherging, er zeigt auch, dass dies der Interessenlage der neuen Wähler der Demokraten entspricht, nämlich jener

Schicht, die der »neuen Mitte« zugeordnet werden kann. In der »neuen Mitte« findet die Verschmelzung eines »wirtschaftlichen Kosmopolitismus« mit einem »neuerstandenen kulturellen Kosmopolitismus« statt, die freilich auf das »reichste Viertel der Amerikaner« beschränkt bleibe (ebd.: 83). Die restlichen drei Viertel, so Rorty weiter, »sollen sich über ethnische und religiöse Fragen streiten und über Sexualmoral diskutieren« (ebd.: 85).

Der 2007 verstorbene Rorty hat diese Zeilen vor fast zwanzig Jahren geschrieben, und seine Prophezeiung hat sich mittlerweile bewahrheitet. Die US-amerikanische Gesellschaft hat sich in den vergangenen Jahren zunehmend sozial polarisiert, ohne dass diese Polarisierung als solche politisch artikuliert und repräsentiert worden wäre. Ein Kandidat wie Bernie Sanders hätte in dieser Hinsicht vielleicht eine Wende einleiten können, seine Kandidatur für die Wahl des US-Präsidenten blieb jedoch erfolglos, nicht zuletzt aufgrund des Widerstands der Eliten in der Democratic Party – die ihm zu Unrecht vorwarfen, er zeige sich nicht hinreichend sensibel für Fragen der *identity politics*. Die Konsequenz hiervon war die Wahl Donald Trumps. Und mit dem Scheitern von Sanders' zweitem Anlauf erweist sich, dass seine politische Bewegung es nicht vermocht hat, die politische Agenda nachhaltig zu verändern. In der Folge droht eine Verfestigung, wenn nicht gar Radikalisierung der neoliberalen Sozial- und Steuerpolitik – trotz aller gegenläufigen Rhetorik im Wahlkampf. Die durch die Moralisierung hervorgerufene Unfähigkeit der Linken, politische Mehrheiten zu gewinnen, mit denen der neoliberalen Politik begegnet werden könnte, hat somit in den USA zu einer weiteren Verschärfung sowohl der ökonomischen wie auch der kulturellen Spaltungen geführt. Gleiches droht nun auch in Westeuropa, wenngleich bei den vergangenen Wahlen in den Niederlanden und in Frankreich die befürchteten Erfolge der Rechtspopulisten bisher nicht eingetreten sind.

Aus unserer Sicht stellt sich die politische Konstellation in den westlichen Demokratien daher wie folgt dar: Während die Wortführer des postdemokratischen Liberalismus auf die populistischen Herausforderer des Status quo mit einer moralisierenden Ausgrenzungsrhetorik reagieren und große Teile der Linken in das gleiche Horn stoßen, deutet der Rechtspopulismus Probleme der Demokratie in Probleme der nationalen Souveränität und Kultur um. Ersteres führt wahrscheinlich nur zu einer weiteren Stärkung der Populisten oder fördert, wie zuletzt in Frankreich, die Wahlenthaltung; Letzteres beschwört Wert- und Identitätskonflikte herauf, die nicht wie Interessenkonflikte durch Kompromisse geschlichtet werden können, sondern die Gefahr einer Eskalationsdynamik mit sich bringen. Der demokratische Widersacher wird zum Feind, den wir aufgrund seiner mangelnden moralischen Integrität verachten.

Um dieser Gefahr zu entkommen, sollte auf eine weitere Moralisierung in der Auseinandersetzung mit dem politischen Gegner verzichtet werden. Wenn die Diagnose richtig ist, dass Populismus eine Reaktion auf nicht eingehaltene Versprechen der Demokratie ist, folgt politisch daraus vielmehr, für gesellschaftliche Verhältnisse einzutreten, in denen die Lücke zwischen den Versprechen der Demokratie auf der einen Seite und der sozialen Wirklichkeit auf der anderen Seite weniger groß ist. Die Sozialwissenschaften wiederum sollten sich stärker von gesellschaftstheoretischen Fragestellungen leiten lassen – und das Moralisieren den daran interessierten politischen Akteuren überlassen.

Dank

Bücher entstehen nicht in der Vereinzelung und verdanken vielen vieles. Erste Überlegungen sind im Wintersemester 2016/2017 an der TU Darmstadt in einem Seminar zum Thema Demokratie und Populismus diskutiert worden. Philip Dingeldey, Nils Heisterhagen, Christoph Held, Katrin Hühner, Jörg Kemmerzell, David Meier-Arendt, Torben Schwuchow, Kahraman Solmaz, Jared Sonnicksen, Jaromir Sykora, Ingo Take und Georgios Terizakis haben das Manuskript mit uns diskutiert und uns viele wertvolle Hinweise gegeben. Christoph Held und Torben Schwuchow haben uns zudem vor Fehlern bewahrt, den Text in Form gebracht, bei der Erstellung der Register geholfen und uns durch zahlreiche treffende Einwände zum Nachdenken gebracht. Für ihre Jagd nach dem Fehlerteufel danken wir Heike Jensen. Lisa Oppermann hat das Cover verschönert, Rike Hertwig hat uns durch ihre ermunternde Lektüre des Manuskripts bestärkt.

Anmerkungen

1 Der Begriff wurde von dem Historiker Lawrence Goodwyn 1976 geprägt; dieser verwendete ihn allerdings für eine ganz andere historische Epoche: Er bezog ihn auf den Aufstieg der US-amerikanischen People's Party Ende des 19. Jahrhunderts.
2 Für die empirische Forschung über den Populismus ist zudem die folgende Frage von Interesse: Wie wird populistische Politik gemacht? Unsere Einführung ist primär theoretisch orientiert, deshalb werden wir auf diese Frage nur am Rande eingehen.
3 Für die progressive Deutung u.a. Goodwyn 1976; Kazin 1995; Postel 2016. Die rückwärtsgewandten und rassistischen Eigenschaften des *populist movement* wurden demgegenüber vor allem von Hofstadter 1955 betont.
4 Diese politischen Forderungen waren zunächst nicht erfolgreich, sie wurden aber zwanzig Jahre später im *Progressive Movement* wieder aufgegriffen und zumindest teilweise verwirklicht.
5 Zur Ideologie des Produktionismus vgl. die Beiträge von Abromeit 2016 und Loeffler 2016.
6 Kritisiert wurde und wird insbesondere, dass Hofstadter sich zu wenig auf historische Quellen stützte. Die Beurteilung des bis heute einflussreichen Buches von Hofstadter folgt zwei aufschlussreichen Mustern: Intellektuelle und Wissenschaftler von der Ostküste verteidigen Hofstadters These, jene aus dem Mittleren Westen und aus den Südstaaten kritisieren sie hingegen vehement. Zudem gibt es eine disziplinäre Differenz: Sozialwissenschaftler sympathisieren mehrheitlich mit Hofstadters Buch, Historiker lehnen es mehrheitlich als unwissenschaftlich ab; vgl. Marotta 2016: 109.
7 Vgl. zum Folgenden Werz 2003 und mit speziellem Blick auf Argentinien Schamis 2013.

8 Zu beachten ist jedoch, dass der Neoliberalismus in Südamerika nicht durchgängig mit einem populistischen Politikstil verbunden war, teilweise wurde er auch von konservativen Regierungen durchgesetzt.

9 So ist der Gini-Koeffizient in Venezuela zwischen 2002 und 2011 von 0,49 auf 0,30 zurückgegangen. In Bolivien ist seit der Wahl des regierenden Movimiento al Socialismo (MAS, *Bewegung zum Sozialismus*) im Jahr 2005 die extreme Armut von 38 Prozent auf 21 Prozent gesunken. Auch in Argentinien, Ecuador und in Brasilien konnten sowohl die Arbeitslosigkeit als auch die Armut reduziert werden. Kurt Weyland (2013), ein liberaler Kritiker des südamerikanischen Linkspopulismus, vertritt jedoch die Überzeugung, dass die entsprechenden Erfolge wenig nachhaltig seien. Die aktuelle Entwicklung in Venezuela und Argentinien scheinen ihm dabei Recht zu geben; allerdings ist zu fragen, wer für diese Entwicklungen verantwortlich ist.

10 Einen guten Überblick über die Gemeinsamkeiten und Differenzen bieten die Beiträge in de la Torre/Arnson 2013.

11 Vgl. zum Poujadismus auch die Darstellung in Priester 2007: 142–158.

12 Zur Differenz zwischen Faschismus und Populismus vgl. unten S. 72–77.

13 Ein besonders markantes Beispiel für die Relevanz von Personen bietet Ronald Barnabas Schill, dem es als »Richter Gnadenlos« im September 2001 auf Anhieb gelang, bei der Hamburger Bürgerschaftswahl nahezu zwanzig Prozent der Stimmen zu erhalten.

14 Einen Überblick liefern die Beiträge in Decker/Henningsen/Jakobsen 2015 und Kriesi/Pappas 2015.

15 Ein besonders anschauliches Beispiel ist die norwegische Fortschrittspartei, die 2013 infolge des Breivik-Attentats um sechs Prozent eingebrochen ist.

16 Zur Wählerschaft der AfD vergleiche Lux 2018; allgemein zur Entwicklung der Wählerschaft rechtspopulistischer Parteien vgl. Oesch/Rennwald 2018 und Kapitel 4.2 und 4.3.

17 So lag etwa die Jugendarbeitslosigkeit im Sommer 2017 in Spanien bei 39,2, in Portugal immerhin bei 23,7, der EU-Durchschnitt beläuft sich auf 16,7 Prozent. In Deutschland beträgt sie lediglich 6,8, in Griechenland dagegen 47,9 Prozent. Quelle: https://de.statista.com/statistik/daten/studie/74795/umfrage/jugendarbeitslosigkeit-in-europa/ [Zugriff am 08.07.2017].

18 Einen informativen Überblick über die Ursachen des Aufstiegs und die Gründe für die Popularität der Fidesz-Regierung liefert Hanisch 2017.

19 Münkler 2011 bringt eine interessante Unterscheidung ins Spiel, wenn er zwischen einem »agonalen Populismus« und einem »Pazifizierungspopulismus« differenziert. Ersterer inkludiert das Volk politisch und verleiht ihm mehr Macht – und kann dadurch nicht-intendierte Veränderungen der politischen Ordnung in Gang setzen. Letzterer hingegen soll das Volk durch rhetorische Umschmeichelungen und die Verteilung wohldosierter Annehmlichkeiten politisch einschläfern und passiv halten. Für Münkler liegt »Populismus« immer dann vor, wenn sich Eliten politisch auf das Volk beziehen.

20 Das macht die Auseinandersetzung mit Populisten, die sich auf das Volk berufen, in der Demokratie schwierig und sorgt so dafür, dass etablierte Parteien und Politiker häufig Zuflucht bei einer moralisierenden Ausgrenzung von Populisten suchen; vgl. Jörke/Selk 2015. Im sechsten Kapitel greifen wir diesen Gedanken wieder auf.

21 Vgl. die Darstellung aus liberaler, deutscher Perspektive bei Wildt 2017; und aus republikanischer Perspektive bei Canovan 2005.

22 Auch der Begriff des Bürgers ist mehrdeutig. Er bezeichnet zum einen den politischen Bürger in diesem genannten Sinne, im Deutschen etwa als »Staatsbürger«, im Französischen als »Citoyen«. Zugleich benennt »Bürger« den ökonomischen Wirtschaftsbürger oder den juristischen Bürger, d.h. den Staatsangehörigen.

23 Mit Blick auf Parteieliten wurde dieses Phänomen besonders klar von Robert Michels 1970, einem Schüler Max Webers, beschrieben.

24 Populisten verbinden die zwei dominanten Bedeutungskonnotationen von Korruption, die sich ideengeschichtlich herausgebildet haben. Zum einen meint Korruption schlechte Amtsführung durch persönliche Bereicherungsabsichten oder Vorteilsnahme, zum anderen den Verfall von Institutionen; vgl. Buchan/Hill 2014; Engels 2014.

25 Vgl. unten S. 80 f.

26 Siehe hierzu die Abschnitte über Populismus in Lateinamerika und Osteuropa in Kapitel zwei.

27 Von großer Bedeutung für den Faschismus und Nationalsozialismus ist die Kriegserfahrung des Ersten Weltkriegs gewesen; hierzu mit

Blick auf die Generation der »Frontkämpfer« im Nationalsozialismus immer noch lesenswert Theweleit 1977/78.

28 Dagegen Sternhell/Sznaider/Asheri 1999, die die faschistische Ideologie als eine eigenständige, weltanschaulich einigermaßen kohärente Verbindung aus Nationalismus, Sozialismus und Syndikalismus rekonstruieren.

29 Für einen Vergleich historischer Faschismen siehe Bauerkämper 2006.

30 Einen Überblick geben Gidron/Bonikowski 2013; eine konzise und kritische Darstellung findet sich bei Priester 2011.

31 Zwei einflussreiche Definitionen von Populismus stammen von dem Sozialphilosophen Ernesto Laclau und der Politikwissenschaftlerin Chantal Mouffe. Wir diskutieren sie nicht an dieser Stelle, sondern in Kapitel fünf.

32 Der Begriff der *thin-centered ideology* wurde von Michael Freeden (1998: 750) eingeführt.

33 Zum *heartland* vgl. unten S. 109 f.

34 Siehe unsere Darstellung in Kapitel zwei.

35 Eine noch stärker normativ motivierte Kritik aus liberaler Perspektive findet sich bei Abts/Rummens 2007.

36 Vgl. oben S. 38.

37 Vries und Hoffmann 2016 weisen jedoch darauf hin, dass der Zusammenhang von niedrigen Bildungsabschlüssen und Parteipräferenz bei linkspopulistischen Parteien wie Podemos und Syriza weniger stark ausgebildet ist.

38 Allerdings muss diese Schwelle auch erreicht werden, und das konnte mit Blick auf viele Länder des globalen Südens und in Asien in den 1950er und 1960er Jahre nicht behauptet werden.

39 Das Folgende stützt sich auf Joas/Knöbl 2004: 431.

40 Von Lipset stammt auch die Theorie eines *working-class-authoritarianism*, auf den wir weiter unten noch eingehen werden.

41 Diese Diagnose steht nicht notwendig im Widerspruch zu der im zweiten Kapitel skizzierten These, die Rechtspopulisten seien die neuen »Arbeiterparteien«. Lohnarbeiter und Lohnarbeiterinnen, etwa in der Automobilproduktion, zählen in westlichen Gesellschaften nicht zwangsläufig zu den Ärmsten.

42 Einen eindrucksvollen Bericht über den Gegensatz zwischen Paris und der französischen Peripherie liefert Eribon 2016.

43 »Liberalkonservativ« ist hier in dem Sinne zu verstehen, dass es vor allem um das Ziel der Restauration der individuellen Unabhängigkeit geht.

44 Im deutschen Sprachraum wurde die Diskussion des Phänomens der Individualisierung vor allem durch den Soziologen Ulrich Beck 1986, 1993 geprägt.

45 Das heißt jedoch nicht, dass sich die parteientheoretischen Ansätze mithilfe von Zusatzannahmen über die jeweiligen politischen Kulturen und institutionellen Kontexte nicht auch auf diese Gebiete übertragen lassen.

46 Jedenfalls können sich beide auf den Liberalismus berufen. Genau genommen stellen sie beide zwei Seiten derselben Medaille dar; vgl. Michéa 2014.

47 Vertreter dieser liberalen Kritik, die wir hier freilich in einer stilisierten Form darstellen, sind Nadia Urbinati 1998, 2014 und Jan-Werner Müller 2016. Wir diskutieren in diesem Kapitel ausschließlich Positionen, für die Demokratie einen wichtigen oder den einzigen normativen Ausgangspunkt darstellt; damit entfällt die Darstellung von Positionen, die den Populismus im Lichte anderer Wertprämissen beurteilen, etwa mit Blick auf seine Effekte für die Bewahrung des Status quo oder seine Auswirkungen auf das Wirtschaftswachstum. Wir gehen auch nicht auf die konservative Kritik des Populismus ein; sie überschneidet sich teilweise mit der liberalen Kritik, betont aber stärker den »Recht und Ordnung« gefährdenden Charakter des Populismus. Den Hinweis hierauf verdanken wir Jörg Kemmerzell.

48 Er könnte ihm auch entgegenhalten, dass der Staat aus einer individualistischen Perspektive nicht zu rechtfertigen sei, da der Staat letztlich die Herrschaft einer den Staatsapparat beherrschenden Mehrheit oder Minderheit über den Einzelnen bedeute. Von einem individualistischen Standpunkt aus kann man bei sehr unterschiedlichen politischen Ordnungsvorstellungen landen, etwa bei einer anarchistischen. Uns geht es an dieser Stelle nur um den demokratischen Individualismus, der auf eine staatliche Herrschaftsordnung angewiesen ist.

49 Zum Folgenden vgl. Urbinati 2014: 128–170.

50 Gemeint sind hiermit die konstitutionellen Staaten des 19. Jahrhunderts, die über repräsentative Institutionen und Bürgerrechte verfüg-

ten, aber einen Großteil der Bevölkerung von politischer Beteiligung ausschlossen.

51 So Mouffe im Gespräch mit dem Podemos-Politiker Īñigo Errejón (Mouffe/Errejón 2016: 66–69). Mouffe und Laclau gelten als Vordenker des Linkspopulismus von Syriza und Podemos. Strategen in beiden Parteien haben sich an ihren Theorien orientiert.

52 Vgl. oben S. 95 f.

53 Im Folgenden führen wir Gedanken weiter, die wir zuerst in Jörke/Selk 2015 und Jörke 2017 entwickelt haben; dort auch Beispiele für einen moralisierenden Umgang mit dem Populismus in Öffentlichkeit und Sozialwissenschaft.

54 Vgl. oben S. 78.

55 Warum es weiterhin angemessen ist, von Klassen und nicht von Schichten zu reden, zeigt Andreas Reckwitz 2017; 2019).

56 Das Folgende stützt sich auf Jörke/Selk 2015.

57 Das ist die Botschaft von Joe Bageants 2012 Bericht über seine Reise ins *heartland* der USA, vgl. auch Hochschild 2016 und Cramer 2016; mit Blick auf Deutschland Baron 2016.

Literatur

Abromeit, John/Chesterton, Bridget María/Marotta, Gary/Norman, York (Hg.) (2016): Transformations of Populism in Europe and the Americas. History and Recent Tendencies, New York: Bloomsbury.

Abromeit, John (2016): »Transformations of Producerist Populism in Western Europe«, in: Transformations of Populism in Europe and the Americas. History and Recent Tendencies, hrsg. von John Abromeit et al., New York: Bloomsbury Academic, S. 105–115.

Abts, Koen/Rummens, Stefan (2007): »Populism versus Democracy«, in: Political Studies 55, S. 405–424.

Adorno, Theodor W. (1995): Studien zum autoritären Charakter, Frankfurt/Main: Suhrkamp.

Anderson, Perry (2015): Das italienische Desaster, Berlin: Suhrkamp.

Arditi, Benjamin (2003): »Populism, or, Politics at the Edges of Democracy«, in: Contemporary Politics 9, S. 17–31.

Arditi, Benjamin (2005): »Populism as an Internal Periphery of Democratic Politics«, in: Populism and the Mirror of Democracy, hrsg. von Francisco Panizza, London: Verso, S. 72–98.

Bageant, Joe (2012): Auf Rehwildjagd mit Jesus. Meldungen aus dem amerikanischen Klassenkampf, Mainz: Verlag André Thiele.

Baron, Christian (2016): Proleten, Pöbel, Parasiten. Warum die Linken die Arbeiter verachten, Berlin: Das Neue Berlin.

Bauerkämper, Arnd (2006): Der Faschismus in Europa 1918–1945, Stuttgart: Reclam.

Beck, Ulrich (1986): Risikogesellschaft: Auf dem Weg in eine andere Moderne, Frankfurt/Main: Suhrkamp.

Beck, Ulrich (1993): Die Erfindung des Politischen: Zu einer Theorie reflexiver Modernisierung, Frankfurt/Main: Suhrkamp.

Blühdorn, Ingolfur/Butzlaff, Felix (2017): »Wo Linke nicht irren dürfen«, veröffentlicht am 10.04.2017 auf: https://www.taz.de/Felix-Butzlaff/!a38687/ – [Zugriff am 03.07.2017].
Bobbio, Norberto (1988): Die Zukunft der Demokratie, Berlin: Rotbuch.
Borchert, Jens (2003): Die Professionalisierung der Politik, Frankfurt/Main und New York: Campus.
Brennan, Jason (2017): Gegen Demokratie. Warum wir die Politik nicht den Unvernünftigen überlassen dürfen, Berlin: Ullstein.
Brunkhorst, Hauke (2007): Karl Marx. Der achtzehnte Brumaire des Louis Bonaparte. Kommentar von Hauke Brunkhorst, Frankfurt/Main: Suhrkamp.
Brunkhorst, Hauke (2014): »Auswege aus der technokratischen Falle«, in: Leviathan 42, S. 507–522.
Buchan, Bruce/Hill, Lisa (2014): An Intellectual History of Corruption, Basingstoke: Palgrave Macmillan.
Bude, Heinz (2008): Die Ausgeschlossenen. Das Ende vom Traum einer gerechten Gesellschaft, München: Hanser.
Canovan, Magaret (1999): »Trust the People! Populism and the Two Faces of Democracy«, in: Political Studies 47, S. 2–16.
Canovan, Margaret (2005): The People, Cambridge: Polity Press.
Cramer, Katherine J. (2016): The Politics of Resentment. Rural Consciousness in Wisconsin and the Rise of Scott Walker, Chicago und London: University of Chicago Press.
Crouch, Colin (2008): Postdemokratie, Frankfurt/Main: Suhrkamp.
Cuperus, René (2015): »Wie die Volksparteien (fast) das Volk einbüßten – Warum wir den Weckruf des Populismus erhören sollten«, in: Rechtspopulismus in Europa. Gefahr für die Demokratie?, hrsg. von Ernst Hillebrand, Bonn: Dietz, S. 149–158.
Dahl, Robert A. (1989): Democracy and Its Critics, New Haven: Yale University Press.
Decker, Frank/Henningsen, Bernd/Jakobsen, Kjetil (Hg.) (2015): Rechtspopulismus und Rechtsextremismus in Europa, Baden-Baden: Nomos.
Deutsch, Karl W. (1961): »Social Mobilization and Political Development«, in: The American Political Science Review 55, S. 493–514.
Dunn, John (2006): Setting the People Free. The Story of Democracy, London: Atlantic.

Engels, Jens Ivo (2014): Die Geschichte der Korruption. Von der Frühen Neuzeit bis ins 20. Jahrhundert, Frankfurt/Main: Fischer.

Eribon, Didier (2016): Rückkehr nach Reims, Berlin: Suhrkamp.

Finchelstein, Federico (2017): From Facism to Populism in History, Oakland: University of California Press.

Foa, Roberto Stefan/Mounk, Yascha (2016): »The Danger of Deconsolidation: The Democratic Disconnect«, in: Journal of Democracy 27, S. 5–17.

Foa, Roberto Stefan/Mounk, Yascha (2017): »The Signs of Deconsolidation«, in: Journal of Democracy 28, S. 5–15.

Fraser, Nancy (2017): »Vom Regen des progressiven Neoliberalismus in die Traufe des reaktionären Populismus«, in: Die große Regression. Eine internationale Debatte über die geistige Situation der Zeit, hrsg. von Heinrich Geiselberger, Berlin: Suhrkamp, S. 77–91.

Freeden, Michael (1998): »Is Nationalism a Distinct Ideology?«, in: Political Studies 46, S. 748–765.

Gidron, Noam/Bonikowski, Bart (2013): »Varieties of Populism: Literature Review and Research Agenda«, in: Weatherhead Working Paper Series, No. 13-0004.

Goodwyn, Lawrence (1976): Democratic Promise. The Populist Moment in America, New York: Oxford University Press.

Greven, Michael Th. (1999): Die politische Gesellschaft, Opladen: Leske und Budrich.

Hanisch, Klaudia (2017): »Ungarns rechtsnationale Wende als reaktionäre Mitte-Utopie. Soziokultureller Wandel nach 1989 und die adaptive Politik des Fidesz«, in: Das Volk gegen die liberale Demokratie. Leviathan Sonderband 32, hrsg. von Dirk Jörke und Oliver Nachtwey, Baden-Baden: Nomos, S. 81–105.

Hayes, Paul M. (1973): Fascism, London: Allen & Unwin.

Heinisch, Reinhard/Hauser, Kristina (2015): »Rechtspopulismus in Österreich: Die Freiheitliche Partei Österreichs«, in: Rechtspopulismus und Rechtsextremismus in Europa, hrsg. von Frank Decker, Bernd Henningsen und Kjetil Jakobsen, Baden-Baden: Nomos, S. 91–110.

Hochschild, Arlie Russell (2016): Strangers in their Own Land. Anger and Mourning on the American Right. A Journey to the Heart of Our Political Divide, New York und London: New Press.

Hofstadter, Richard (1955): The Age of Reform. From Bryan to F.D.R., New York: Knopf.

Iversen, Torben/Soskice, Davis (2019): Democracy and Prosperity: Reinvention of Capitalism in a Turbulent Century, Princeton, NJ: Princeton University Press.

Jakobsen, Kjetil (2015): »Aufstand der Bildungsverlierer? Die Fortschrittspartei auf dem norwegischen Sonderweg«, in: Rechtspopulismus und Rechtsextremismus in Europa, hrsg. von Frank Decker, Bernd Henningsen und Kjetil Jakobsen, Baden-Baden: Nomos, S. 147–164.

Joas, Hans/Knöbl, Wolfgang (2004): Sozialtheorie. Zwanzig einführende Vorlesungen, Frankfurt/Main: Suhrkamp.

Jörke, Dirk (2017): »Vom Verdammen zum Verstehen? Neuerscheinungen zum Populismus«, in: Neue Politische Literatur 62, S. 71–95.

Jörke, Dirk/Selk, Veith (2015): »Der hilflose Antipopulismus«, in: Leviathan 43, S. 484–500.

Judis, John P. (2016): The Populist Explosion. How the Great Recession Transformed American and European Politics, New York: Columbia Global Reports.

Kaltwasser, Cristobal Rovira (2011): »The Ambivalence of Populism. Threat and Corrective for Democracy«, in: Democratization 19, S. 184–208.

Katz, Richard S./Mair, Peter (1995): »Changing Models of Party Organization and Party Democracy. The Emergence of the Cartel Party«, in: Party Politics 1, S. 5–28.

Kazin, Michael (1995): The Populist Persuasion. An American History, New York: Basic Books.

Kitschelt, Herbert (1995): The Radical Right in Western Europe. A Comparative Analysis, Ann Arbor: University of Michigan Press.

Knöbl, Wolfgang (2016): »Über alte und neue Gespenster«, in: Mittelweg 36 25, S. 8–35.

Kriesi, Hanspeter (2010): »Restructuration of Partisan Politics and the Emergence of a New Cleavage based on Values«, in: West European Politics 33, S. 673–685.

Kriesi, Hanspeter/Grande, Edgar/Lachat, Romain/Dolezal, Martin/Bornschier, Simon/Frey, Timotheos (2006): »Globalization and the transformation of the national political space: Six European countries compared«, in: European Journal of Political Research 45, S. 921–956.

Kriesi, Hanspeter/Pappas, Takis (Hg.) (2015): European Populism in the Shadow of the Great Recession, Colchester: ECPR Press.

Laclau, Ernesto/Mouffe, Chantal (1991): Hegemonie und radikale Demokratie. Zur Dekonstruktion des Marxismus, Wien: Passagen Verlag.

Laclau, Ernesto (2005a): On Populist Reason, London: Verso.

Laclau, Ernesto (2005b): »Populism: What's in a Name?«, in: Populism and the Mirror of Democracy, hrsg. von Francisco Panizza, London: Verso, S. 32–49.

Lefkofridi, Zoe/Wagner, Markus/Willmann, Johanna E. (2014): »Left-Authoritarians and Policy Representation in Western Europe. Electoral Choice across Ideological Dimensions«, in: West European Politics 37, S. 65–90.

Lefort, Claude (1990): »Die Frage der Demokratie«, in: Autonome Gesellschaft und libertäre Demokratie, hrsg. von Ulrich Rödel, Frankfurt/Main: Suhrkamp, S. 281–297.

Lerner, Daniel (1958): The Passing of Traditional Society. Modernizing the Middle East, Glenceo: Free Press.

Lipset, Seymour Martin (1959): »Democracy and Working-Class Authoritarianism«, in: American Sociological Review 24, S. 482–501.

Lipset, Seymour Martin (1960): Political Man, Garden City, New York: Doubleday.

Loeffler, Mark (2016): »Populists and Parasites: On Producerist Reason«, in: Transformations of Populism in Europe and the Americas. History and Recent Tendencies, hrsg. von John Abromeit et al., New York: Bloomsbury Academic, S. 265–292.

Luhmann, Niklas (1991): Paradigm lost: Über die ethische Reflexion der Moral, Frankfurt/Main: Suhrkamp.

Luhmann, Niklas (2002): Die Politik der Gesellschaft, Frankfurt/Main: Suhrkamp.

Lux, Thomas (2018): »Die AfD und die untersten Statuslagen. Eine Forschungsnotiz zu Holger Lengfelds Studie »Die ›Alternative für Deutschland‹: eine Partei für Modernisierungsverlierer?«, in: Kölner Zeitschrift für Soziologie und Sozialpsychologie 70, S. 255–273.

Manin, Bernard (2007): Kritik der repräsentativen Demokratie, Berlin: Matthes & Seitz.

Manucci, Luca (2017): »Populism and the Media«, in: The Oxford Handbook of Populism, hrsg. von Cristóbal Rovira Kaltwasser et al., Oxford: Oxford University Press, S. 467–487.

Marotta, Gary (2016): »Richard Hofstadter's Populist Problem and His Identity as a Jewish Intellectual«, in: Transformations of Populism in Europe and the Americas. History and Recent Tendencies, hrsg. von John Abromeit et al., New York: Bloomsbury Academic, S. 105–115.

Marx, Karl/Engels, Friedrich (1848): Manifest der Kommunistischen Partei, in: Marx-Engels-Werke, Band 4, 6. Auflage 1972, unveränderter Nachdruck der 1. Auflage 1959, Berlin: Dietz, S. 459–493.

Marx, Karl (1850): Die Klassenkämpfe in Frankreich, in: Marx-Engels-Werke, Band 7, 1960, Berlin: Dietz, S. 9–107.

Mazzoleni, Gianpietro (2014): »Mediatization and Political Populism«, in: Mediatization of Politics, hrsg. von Frank Esser und Jesper Strömbäck, Basingstoke: Palgrave Macmillan, S. 42–56.

Marx, Karl (1852): Der achtzehnte Brumaire des Louis Bonaparte, in: Marx-Engels-Werke, Band 8, 1960, Berlin: Dietz, S. 111–207.

Michéa, Jean-Claude (2014): Das Reich des kleineren Übels. Über die liberale Gesellschaft, Berlin: Matthes & Seitz.

Michels, Robert (1970): Zur Soziologie des Parteiwesens in der modernen Demokratie. Untersuchungen über die oligarchischen Tendenzen des Gruppenlebens, 2. Auflage, Stuttgart: Kröner.

Moffitt, Benjamin (2016): The Global Rise of Populism: Performance, Political Style, and Representation, Stanford: Stanford University Press.

Mouffe, Chantal (2002): »Democracy in Europe: The Challenge of Right-wing Populism«, Vortrag am Centre de Cultura Contemporánia de Barcelona; auf: http://www.cccb.org/rcs_gene/mouffe.pdf [Zugriff am 03.05.2017].

Mouffe, Chantal (2005): »The ›End of Politics‹ and the Challenge of Right-wing Populism«, in: Populism and the Mirror of Democracy, hrsg. von Francisco Panizza, London: Verso, S. 50–71.

Mouffe, Chantal (2007): Über das Politische. Wider die kosmopolitische Illusion, Frankfurt/Main: Suhrkamp.

Mouffe, Chantal (2014): Agonistik. Die Welt politisch denken, Berlin: Suhrkamp.

Mouffe, Chantal (2018): Für einen linken Populismus, Berlin: Suhrkamp.

Mouffe, Chantal/Errejón, Íñigo (2016): Podemos. In the Name of the People, London: Lawrence & Wishart.

Mouffe, Chantal (2018): Für einen linken Populismus, Berlin: Suhrkamp.

Mudde, Cas (2004): »The Populist Zeitgeist«, in: Government and Opposition 39, S. 541–563.

Mudde, Cas/Kaltwasser, Cristóbal Rovira (2017): Populism. A Very Short Introduction, Oxford: Oxford University Press.

Müller, Jan-Werner (2016): Was ist Populismus?, Berlin: Suhrkamp.

Münkler, Herfried (2011): »Populismus, Eliten und Demokratie. Eine ideengeschichtlich-politiktheoretische Erkundigung«, in: Totalitarismus und Demokratie 8, S. 195–219.

Nachtwey, Oliver (2017): »Entzivilisierung. Über regressive Tendenzen in der modernen Gesellschaft«, in: Die große Regression: Eine internationale Debatte über die geistige Situation der Zeit, hrsg. von Heinrich Geiselberger, Berlin: Suhrkamp, S. 215–232.

Nietzsche, Friedrich (1999): Zur Genealogie der Moral, München: dtv.

Nolte, Ernst (1979): Der Faschismus in seiner Epoche. Action française, Italienischer Faschismus, Nationalsozialismus, München: Piper.

Nullmeier, Frank (2016): »Politische Theorie des Komparativs. Soziale Vergleiche und gerechte Gesellschaft«, in: Mittelweg 36 25, S. 56–73.

Oesch, Daniel/Rennwald, Line (2018): »Electoral competition in Europe's new tripolar space: Class voting for the left,, centre-right and radical right«, in: European Journal of Political Research 57, S. 783–807.

Offe, Claus (2001): »Wie können wir unseren Mitbürgern vertrauen?«, in: Vertrauen: Die Grundlage des sozialen Zusammenhalts, hrsg. von Martin Hartmann und Claus Offe, Frankfurt/Main und New York: Campus, S. 241–293.

Piketty, Thomas (2014): Das Kapital im 21. Jahrhundert, München: Beck.

Postel, Charles (2016): »Anti-Populism and Democracy«, in: Transformations of Populism in Europe and the Americas. History and Recent Tendencies, hrsg. von John Abromeit et al., New York: Bloomsbury Academic, S. 116–135.

Priester, Karin (2007): Populismus. Historische und aktuelle Erscheinungsformen, Frankfurt/Main und New York: Campus.

Priester, Karin (2011): »Definitionen und Typologien des Populismus«, in: Soziale Welt 62, S. 185–198.

Priester, Karin (2012): Rechter und linker Populismus: Annäherung an ein Chamäleon, Frankfurt/Main und New York: Campus.

Priester, Karin (2014): Mystik und Politik. Ernesto Laclau, Chantal Mouffe und die radikale Demokratie, Würzburg: Königshausen & Neumann.

Puhle, Hans-Jürgen (1986): »Was ist Populismus?«, in: Populismus und Aufklärung, hrsg. von Helmut Dubiel, Frankfurt/Main: Suhrkamp, S. 12–32.

Reckwitz, Andreas (2017): Die Gesellschaft der Singularitäten. Zum Strukturwandel der Moderne, Berlin: Suhrkamp.

Reckwitz, Andreas (2019): Das Ende der Illusionen. Politik, Ökonomie und Kultur in der Spätmoderne, Berlin: Suhrkamp.

Rorty, Richard (1999): Stolz auf unser Land. Die amerikanische Linke und der Patriotismus, Frankfurt/Main: Suhrkamp.

Saage, Richard (2005): Demokratietheorien. Eine Einführung, Wiesbaden: Springer VS.

Saint-Victor, Jacques de (2015): Die Antipolitischen, Hamburg: Hamburger Edition.

Schäfer, Armin (2015): Der Verlust politischer Gleichheit: Warum die sinkende Wahlbeteiligung der Demokratie schadet, Frankfurt/Main und New York: Campus.

Schamis, Hector E. (2013), »From the Peróns to the Kirchners: ›Populism‹ in Argentine Politics«, in: Latin American Populism in the Twenty-First Century, hrsg. von Carlos de la Torre und Cynthia C. Arnson, Baltimore: Johns Hopkins University Press, S. 145–178.

Scheler, Max (1955): »Das Ressentiment im Aufbau der Moralen (Über Ressentiment und moralisches Werturteil)«, in: Gesammelte Werke III, Bd. 3: Vom Umsturz der Werte. Abhandlungen und Aufsätze, hrsg. von Maria Scheler und M. S. Frings, Bern und München: Francke, S. 33–147.

Schivelbusch, Wolfgang (2005): Entfernte Verwandtschaft: Faschismus, Nationalsozialismus, New Deal 1933–1939, München: Hanser.

Schmitt, Carl (1961): Über die geistige Lage des heutigen Parlamentarismus, 3. Auflage, unveränderter Nachdruck der 1926 erschienenen 2. Auflage, Berlin: Duncker & Humblot.

Schmitt, Carl (1963): Der Begriff des Politischen, Nachdruck der 1932 erschienenen 2. Auflage, Berlin: Duncker & Humblot.

Sellers, Charles (1991): The Market Revolution. Jacksonian America 1815–1846, New York: Oxford University Press.

Sorel, Georges (1981): Über die Gewalt, Frankfurt/Main: Suhrkamp.

Stegemann, Bernd (2017): Das Gespenst des Populismus, Berlin: Theater der Zeit.

Sternhell, Zeev/Sznaider, Mario/Asheri, Maia (1999): Die Entstehung der faschistischen Ideologie. Von Sorel zu Mussolini, Hamburg: Hamburger Edition.

Sunstein, Cass (2001): Republic.com, Princeton: Princeton University Press.

Taggart, Paul A. (2000): Populism, Buckingham: Open University Press.

Thamer, Hans-Ulrich/Wippermann, Wolfgang (1977): Faschistische und neofaschistische Bewegungen: Probleme empirischer Faschismusforschung, Darmstadt: Wissenschaftliche Buchgesellschaft.

Ther, Philipp (2014): Die neue Ordnung auf dem alten Kontinent. Eine Geschichte des neoliberalen Europas, Berlin: Suhrkamp.

Theweleit, Klaus (1977/78): Männerphantasien, Frankfurt/Main: Roter Stern.

Torre, Carlos de la/Arnson, Cynthia C. (Hg.) (2013): Latin American Populism in the Twenty-First Century, Baltimore: Johns Hopkins University Press.

Urbinati, Nadia (1998): »Democracy and Populism«, in: Constellations 5, S. 110–124.

Urbinati, Nadia (2014): Democracy Disfigured, Cambridge und London: Harvard University Press.

Urbinati, Nadia/Zampaglione, Arturo (2016): The Antiegalitarian Mutation. The Failure of Institutional Politics in Liberal Democracies, New York und London: Columbia University Press.

Urbinati, Nadia (2019): Me the People. How Populism Transforms Democracy, Cambridge und London: Harvard University Press.

Verba, Sidney (1964): The Civic Culture. Political Attitudes and Democracy in Five Nations, Princeton: Princeton University Press.

Vries, Catherine de/Hoffmann, Isabell (2016): Globalisierungsangst oder Wertekonflikt? Wer in Europa populistische Parteien wählt und warum, hrsg. von der Bertelsmann Stiftung; auf: https://www.bertelsmann-stiftung.de/fileadmin/files/user_upload/EZ_eupinions_Fear_Studie_2016_DT.pdf [Zugriff am 04.07.2017]

Vorländer, Hans (2010): Demokratie. Geschichte, Formen, Theorien, München: Beck.

Weber, Max (1992): Politik als Beruf, Stuttgart: Reclam.

Weber, Max (1980): Wirtschaft und Gesellschaft, Tübingen: Mohr.

Werz, Nikolaus (2003): »Alte und neue Populisten in Lateinamerika«, in: Populismus. Populisten in Übersee und Europa, hrsg. von Nikolaus Werz, Wiesbaden: Springer VS, S. 45–64.

Weyland, Kurt (2001): »Clarifying a Contested Concept: ›Populism‹ in the Study of Latin American Politics«, in: Comparative Politics 34, S. 1–22.

Weyland, Kurt (2013): »Latin America's Authoritarian Drift. The Threat from the Populist Left«, in: Journal of Democracy 24, S. 18–32.

Wildt, Michael (2017): Volk, Volksgemeinschaft, AfD, Hamburg: Hamburger Edition.

Willke, Helmut (2014): Demokratie in Zeiten der Konfusion, Berlin: Suhrkamp.

Wirries, Clemens (2015): »Populismus und Pragmatismus. Genese und Etablierung der Dänischen Volkspartei«, in: Rechtspopulismus und Rechtsextremismus in Europa, hrsg. von Frank Decker, Bernd Henningsen und Kjetil Jakobsen, Baden-Baden: Nomos, S. 129–146.

Personenregister

Sachregister

Dirk Jörke ist Professor für Politische Theorie und Ideengeschichte an der Technischen Universität Darmstadt. Buchveröffentlichungen u.a.: *Demokratie als Erfahrung. John Dewey und die politische Philosophie der Gegenwart* (2003), *Kritik demokratischer Praxis. Eine ideengeschichtliche Studie* (2011), *Die Größe der Demokratie. Über die räumliche Dimension von Herrschaft und Partizipation* (2019).

Veith Selk ist wissenschaftlicher Mitarbeiter am Arbeitsbereich Politische Theorie und Ideengeschichte des Instituts für Politikwissenschaft der TU Darmstadt. Buchveröffentlichung: *Das Regieren der Angst. Eine politische Ideengeschichte von der Tyrannis bis zum Leviathan* (2016).